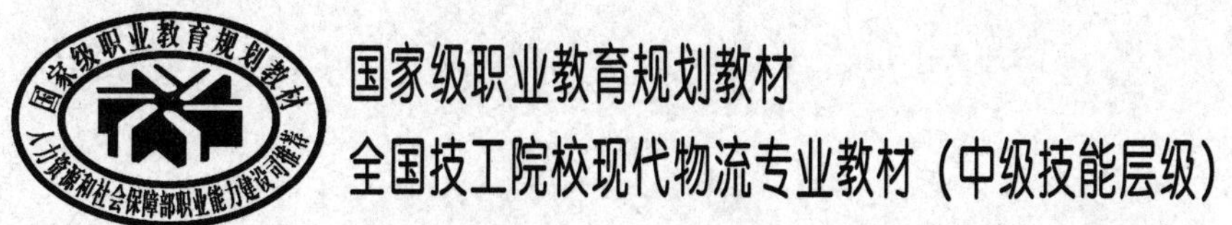

国家级职业教育规划教材

全国技工院校现代物流专业教材（中级技能层级）

配送基础知识与实务

（第二版）

人力资源社会保障部教材办公室组织编写

商 磊 主编

中国劳动社会保障出版社

简 介

本书根据技工院校现代物流专业的教学实际，采用“任务驱动”的思路编写，主要内容包括配送中心概述、集货作业、配货作业、调度作业、取派作业、配送中心绩效评价和配送成本分析等。本书附有教学演示视频，并配有电子课件，教学演示视频可扫描书中的二维码观看，电子课件可通过职业教育教学资源和数字学习中心（http://zyjy.class.com.cn）下载。

本书由商磊任主编，王芳、孙妍、吕芸、姚姣姣参加编写。

图书在版编目(CIP)数据

配送基础知识与实务/商磊主编. --2版. --北京：中国劳动社会保障出版社，2019

全国技工院校现代物流专业教材. 中级技能层级

ISBN 978-7-5167-4117-7

Ⅰ.①配… Ⅱ.①商… Ⅲ.①物资配送-中等专业学校-教材 Ⅳ.①F252.14

中国版本图书馆CIP数据核字（2019）第185128号

中国劳动社会保障出版社出版发行

（北京市惠新东街1号 邮政编码：100029）

*

北京鑫海金澳胶印有限公司印刷装订 新华书店经销

787毫米×1092毫米 16开本 9印张 171千字

2019年10月第2版 2024年12月第4次印刷

定价：18.00元

营销中心电话：400-606-6496

出版社网址：http://www.class.com.cn

http://jg.class.com.cn

版权专有 侵权必究

如有印装差错，请与本社联系调换：(010) 81211666

我社将与版权执法机关配合，大力打击盗印、销售和使用盗版图书活动，敬请广大读者协助举报，经查实将给予举报者奖励。

举报电话：(010) 64954652

前 言

全国中等职业技术学校物流专业教材出版于2006年，并于2013年进行了首次修订和补充。近年来，随着经济的发展和技术的更新，物流行业已经进入新的发展阶段，物流企业对从业人员的知识水平和职业能力提出了更高的要求。为了适应这些变化，培养更加符合物流企业需求的中级技能人才，我们组织了一批教学经验丰富、实践能力强的一线教师和行业、企业专家，在充分调研的基础上，对现有教材进行了新一轮修订和补充。

本次修订和补充的教材包括《现代物流基础（第二版）》《物流设施设备（第三版）》《物流成本管理基础（第三版）》《商品检验与包装（第三版）》《采购基础知识与技巧（第三版）》《物流运输基础与实务（第三版）》《仓储基础知识与技能（第三版）》《配送基础知识与实务（第二版）》《物流信息技术（第二版）》《物流客户服务》《货物养护作业实务》和《叉车作业实务》。

本次教材修订和补充工作的重点主要体现在以下几个方面：

第一，突出教材的实用性。本着"学以致用"的原则，新版教材的结构和内容根据物流企业的工作实际进行了调整和更新，对操作性较强的课程，教材在编写中采用任务驱动或理实一体化的模式，突出对学生实际操作能力的培养。

第二，突出教材的先进性。新版教材根据物流行业的现状和发展趋势，尽可能多地体现新知识、新技术、新方法、新设备，以期缩短学校教育与企业岗位需求的距离，同时，严格执行国家最新技术标准。

第三，突出教材的易用性。新版教材充分考虑学生的认知规律，注重利用图表、实物照片和案例辅助讲解知识点和技能点，部分教材还配有操作视频，学生扫描相应二维码即可观看，为学生营造生动、直观的学习环境，激发学生的学习兴趣。同时，新版教材还配有电子课件，便于教师开展教学工作，提高教学效率。

本套教材的编写得到了有关省市教育部门、人力资源社会保障部门和一批职业院校的大力支持，教材编审人员做了大量的工作，在此，我们表示诚挚的谢意！同时，恳切希望广大读者对教材提出宝贵的意见和建议。

人力资源社会保障部教材办公室

WULIU

目录

项目一　走进配送中心

任务一　认识配送与配送中心

任务引入

请在任课教师的指导下前往一家配送中心开展一次调研活动，并撰写一份调研报告。建议任课教师选择本地区的一家配送中心，带领学生走进配送中心进行认知体验，了解配送中心的特点、业务流程和物流作业系统。如果当地没有合适的配送中心可供调研，也可以选定一家外地的配送中心开展网上调研。

任务分析

要完成上述调研任务，需要认识配送和配送中心的概念、配送中心的功能和类型，了解配送中心的作业流程（如进货、储存、拣货、配货、配装、配送、补货、流通加工和退货等）。在调研过程中，要采取合适的调研方法，及时记录，及时分析，及时总结。

相关知识

一、配送与配送中心的概念

配送是按照客户的订货要求（包括时间要求、产品要求、数量要求、地点要求等），在物流站点（如仓库、商店、货运站、物流中心、配送中心等）进行分拣、加工、配货和包装等作业后，再将配好的货物以最合理的方式送交客户的一种经济活动。配送是“配”和“送”的有机结合，是物流体系中的“小物流”。

配送中心是为了实现物流中的配送作业而专门设立的实施配送作业一系列操作的场所。我国国家标准《物流术语》（GB/T 18354—2006）将配送中心定义为“从事配送业务且具有完善信息网络的场所或组织”。配送中心应基本符合下列要求：主要为特定客户或末端客户提供服务；配送功能健全；辐射范围小；提供高频率、小批量、多批次配送服务。

二、配送中心的功能

配送中心是配送活动的承担主体，它的主要功能见表1—1。

表1—1　配送中心的主要功能

序号	功能	说明
1	备货功能	配送中心根据客户的需要，为保证配送业务的顺利开展，进行组织货源的活动
2	存储功能	配送中心利用现代化的仓储设施，储存一定数量的商品，形成对配送的资源保证
3	组配功能	配送中心按客户的要求对商品进行组配
4	分拣功能	配送中心依据客户的订货要求或者配送中心的送货计划，迅速、准确地将商品从其储位或其他区域拣出，并按照一定的方式进行分类、集中，等待配装送货
5	集散功能	配送中心利用物流管理系统，将分散在各个企业的产品集中起来，再通过分拣、配货、配装等环节向多家客户进行发送
6	衔接功能	配送中心把各种生产资料和生活资料直接送到客户手中，衔接生产和消费
7	流通加工功能	为方便生产和销售，配送中心按照客户的要求对所要配送的商品进行一定程度的加工，如贴标签等
8	信息处理功能	配送中心将作业中的物流信息进行采集、分析、处理和传递，并向客户提供所需信息

此外，有些较为先进的配送中心还具有一些特殊的增值性功能，如需求预测功能、结算功能、教育培训功能等。

三、配送中心的类型

按照不同的分类标准，配送中心可分为多种类型，见表1—2。

表 1—2　　　　　　配送中心的类型

序号	分类标准	类型
1	按设立者分类	制造商配送中心、批发商配送中心、零售商配送中心、物流企业配送中心
2	按配送范围分类	城市配送中心、区域配送中心
3	按配送功能分类	储存型配送中心、流通型配送中心、加工型配送中心
4	按配送货物分类	食品配送中心、日用品配送中心、药品配送中心、化妆品配送中心、家电配送中心、电子产品配送中心、书籍配送中心、服饰配送中心、汽车零件配送中心和生鲜品配送中心等

四、配送中心的基本作业流程

不同功能、不同规模的配送中心，其作业项目和作业流程也不完全相同，但其基本作业流程大致相同，如图 1—1 所示。

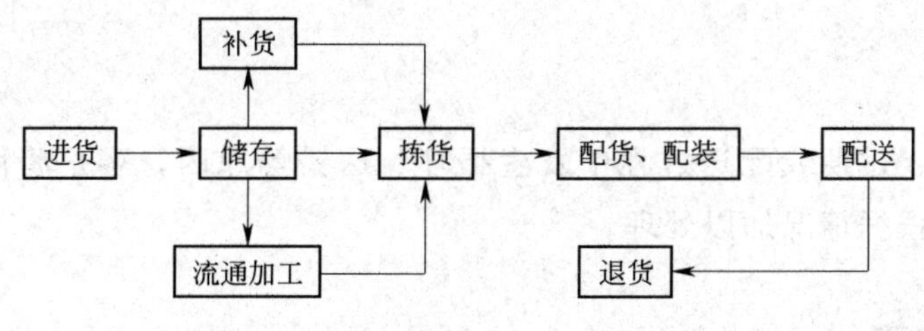

图 1—1　配送中心的基本作业流程

1. 进货

进货就是配送中心根据客户的需要，为保证配送业务的顺利实施而从事的组织商品货源的一系列活动。它是配送的准备环节和基础环节。

2. 储存

配送中心把所进商品通过仓储设施进行保存，并通过盘点等作业管理和控制库存商品。

3. 拣货

配送中心根据客户的要求，准确、迅速地将不同种类、数量的商品拣选出来集中在一起，以备处理。

4. 补货

当拣货区或拆零区的商品数量不足时，通过补货作业将保管区的商品转移到拣货区或拆零区。

5. 流通加工

配送中心根据客户的要求对商品进行加工，以适应客户的多样化需求，提高商品的附加值。

6. 配货、配装

配送中心对完成分拣的商品进行检查，装入合适的包装容器中，做好标识，根据车辆安排或客户区域的不同，将商品运至出货准备区，装载上车。

7. 配送

配送中心安排车辆、人员，在规定时间内将商品从配送中心送至客户手中。

8. 退货

因商品瑕疵、过期或配送过程中发生损坏、送错等原因，客户将商品退回至配送中心，配送中心根据情况加以处理。

任务实施

一、做好调研准备

在开展调研前，需要起草调研方案，明确调研目的，选择调研方法，确定调研对象。

本次调研的总目标是了解配送中心的特点、业务流程和物流作业系统。在总目标的指导下，成立若干小组，各小组明确各自的调研目标，各组学生再分别确定不同的子目标。各小组根据调研目的选择合适的配送中心作为本次调研活动的对象，调研对象既要明确具体的企业，也要明确企业中具体层面的员工。调研对象既可以选择生产企业或流通企业自有的配送中心，也可选择提供专业物流服务的第三方物流企业的配送中心。虽然两者有一定的差异，但是都能体现出配送中心的主要功能和特点。建议选择学校合作企业或者任课教师指定的企业。

此外，任课教师还应选择合适的调研方法，约好调研的具体时间。各调研小组可参照表 1—3 填写调研方案。

表 1—3　　调研方案

项目	配送中心调研方案
调研目的	
调研时间	
调研对象	
调研方法	

二、开展调研

根据设计的调研方案，各小组在任课教师的带领下去配送中心进行一次调研。可以参照表 1—4 填写配送中心调研实践表。

表 1—4　　配送中心调研实践表

序号	调研内容	调研记录
1	配送中心的基本情况和特点	
2	配送中心的业务模式	
3	配送中心的业务流程	
4	配送中心的物流作业系统情况	

三、完成调研报告

任课教师介绍调研报告的写作要点，学生以小组为单位开展讨论，并参照以下内容完成配送中心调研报告，最后制作并展示汇报 PPT。

________配送中心调研报告

调研目的：

调研时间：

调研对象：

调研方法：

调研内容：

（1）配送中心的基本情况和特点

（2）配送中心的业务模式

（3）配送中心的业务流程

（4）配送中心的物流作业系统情况

调研结果及分析：

任务二　体验配送中心岗位

任务引入

北京万盛物流公司（以下简称万盛物流）的小王是刚来实习的某技工院校现代物流专业的学生，实习期间他所在的岗位是配货员，该岗位基本情况见表1—5。

表1—5　配货员岗位基本情况

岗位名称	配货员	所属部门	配货部
直接上级	组长	直接下级	无
岗位性质	操作岗		

请在学校配送实训室或者企业配送中心体验配货员岗位，并思考：假设你是小王，你将如何胜任配货员岗位？如果组长给你一张配货申请单（见表1—6），你如何完成这次配货作业？

表1—6　配货申请单

配货仓库：LW1　　客户名称：北京欧乐科技有限公司　　日期：2018年8月10日　　配货编号：3－1

配货内容（业务员填写）					实际配货内容（物流人员填写）		
货品编号	规格	单位	数量	备注	规格	单位	数量
80457681	1×5	个	2				
85163471	1×5	个	3				

续表

配货内容（业务员填写）					实际配货内容（物流人员填写）		
85160784	1×5	个	2				
85160371	1×5	个	1				
85161057	1×5	个	3				
85160715	1×5	个	4				
85161033	1×5	个	2				
85160296	1×5	个	3				
85160746	1×5	个	1				
85160203	1×5	个	2				

业务员：王×　　销售部经理：王×　　配货员：　　保管员：　　取单人签字：

任务分析

要完成上述任务，需要了解配送中心区域布局，包括出（进）货月台、流通加工区、拆零区、托盘货架区等区域的划分，明确配送中心配货员的职责，包括拣货职责和设施设备维护职责等，还应该熟悉配送中心配货工作的基本流程和要求等内容。

相关知识

一、配送中心区域布局

配送中心区域布局根据配送货物类型和周转率的不同而有所差异。一般来说，配送中心大致可以划分为进货月台、进货暂存区、存储区、拆零区、流通加工区、分货区、集货区、出货暂存区、出货月台、返品处理区、办公区等区域，如图1—2所示。

1. 进货月台

该区域用于开展卸货、清点、检验、分类等作业，常设于存储区外围，内侧紧靠进货暂存区。

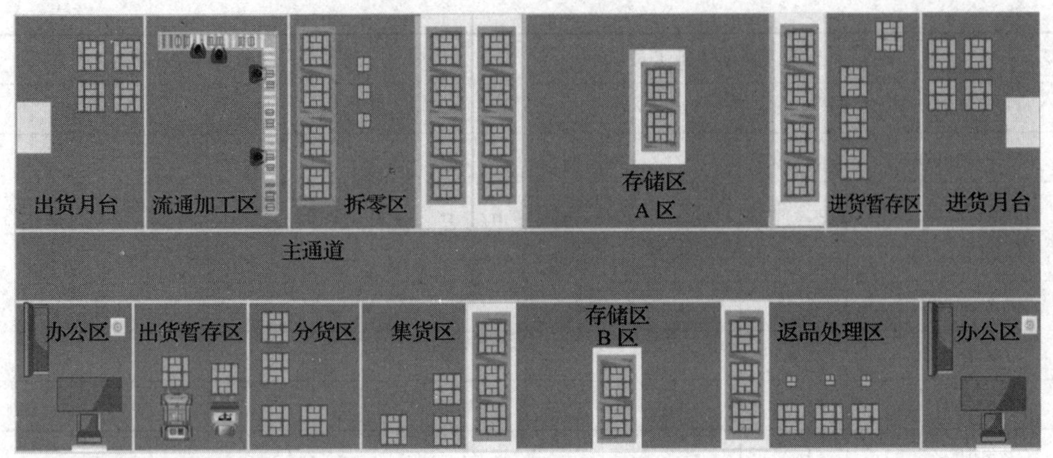

图1—2　配送中心区域布局

2. 进货暂存区

该区域用于存放已验收好但不能立即进入存储区的货物，或者不需要存储直接出库的货物。货物在此区域存储时间较短，且处于流动状态，故该区域面积不需要太大。

3. 存储区

该区域又可以分为拣货区和保管区。整仓、补货、拣货等作业在此进行。货物在此区域停留时间较长。存储型配送中心的存储区一般可以占到配送中心总面积的50%以上。

4. 拆零区

该区域用于开展将整箱包装商品拆为零散包装商品的拆零作业，以满足客户多品种、少批次的配送需求。该区域一般使用轻型货架或流动货架。

5. 流通加工区

该区域用于开展货物分装、组合包装、贴标签等流通加工作业。

6. 分货区

该区域用于批量拣出货物。在此区域按照不同车辆、门店等进行分货。该区域位置需紧靠集货区，而且应与集货区呈顺向布局。

7. 集货区

该区域用于放置已分好的同一客户的不同货物。

8. 出货暂存区

配好的货物在此区域短暂停留，等待车辆的调度和安排。此区域的面积不用很大，应紧靠出货月台。

9. 出货月台

该区域用于完成货物装车前的核对、清点作业，无误后再装车发货。

10. 返品处理区

该区域用于对返回货物进行处理，返品包括差异货物、退回货物和调换货物等。返品经过处理后，其中的良品会进入存储区。因此，此区域不能离存储区太远。

11. 办公区

该区域用于处理订单和营运业务，以及指挥管理现场作业。该区域可集中在某区域，也可以根据职能分散设置。

二、配送中心主要岗位设置

配送中心的岗位有很多，不同的岗位有不同的工作内容和要求，配送中心主要岗位及其工作内容和要求见表1—7。

表1—7　　配送中心主要岗位及其工作内容和要求

序号	岗位名称	岗位工作内容	岗位要求
1	信息员	（1）预检到达货物 （2）制作采购单、入库单、储位分配单、盘点单、移库单、退货单、出库单等单证	（1）能熟练操作常用办公软件 （2）能熟练操作公司物流管理信息系统 （3）熟悉公司收、发货流程 （4）熟练使用打印机等设备
2	装卸工	（1）运用合适的装卸搬运工具卸货 （2）搬运货物至暂存区 （3）对货物进行合适的暂时堆叠	（1）熟悉货物装卸搬运工具的性能和安全操作方法 （2）能识别货物外包装的标识、标记 （3）熟悉各种堆码技术和方法

续表

序号	岗位名称	岗位工作内容	岗位要求
3	验收员	（1）核对单证 （2）清点数量，检查外包装，抽检货物质量 （3）处理问题货物	（1）能对外包装进行基本的感官检验 （2）能运用简单的仪器进行数量验收 （3）熟悉公司的验收流程 （4）会填制验收单证
4	理货员	（1）核对单货 （2）货物入库、上架、存放	（1）熟练掌握货物分类知识 （2）熟悉仓库库区的划分 （3）能够熟练运用 RF 手持终端进行入库、上架操作 （4）掌握库区储位编码知识 （5）掌握叉车操作技术
5	保管员	（1）控制仓库的温度和湿度 （2）存储、养护货物 （3）安全管理 （4）盘点库存货物	（1）能使用温度计和湿度计，根据仓库内外温度、湿度差异和天气状况，采取合理的温度、湿度控制方法 （2）能使用不同的清洁工具做好库内外卫生工作 （3）掌握基本的货物养护方法 （4）熟悉防火安全制度，掌握消防器材的使用方法 （5）掌握常见的盘点方法，能填制盘点单，处理盘点差异
6	补货员	（1）照单取货 （2）搬运货物 （3）补货上架	熟悉货物装卸搬运工具的性能和安全操作方法
7	配货员	（1）根据拣货单拣取货物 （2）搬运货物至集货区	（1）掌握常用的几种拣货方式 （2）熟悉电子标签辅助拣货系统的操作方法 （3）熟悉货物搬运工具的性能和安全操作方法
8	复核员	复核出库货物，确认数量、包装、名称等信息与单证一致	（1）熟悉公司复核流程 （2）能处理复核差异事项 （3）掌握 RF 手持终端操作方法
9	出货员	（1）核对出库凭证与装车单 （2）核对出货凭证与货物	（1）熟悉公司的出库流程 （2）能处理出库中的差异事项 （3）掌握装车方法
10	加工作业员	根据客户需求进行流通加工	（1）掌握小件分拣作业方法 （2）掌握流通加工作业方法

续表

序号	岗位名称	岗位工作内容	岗位要求
11	调度员	（1）根据运输任务和运输生产计划编制车辆运行作业计划 （2）根据车辆情况合理组织调运 （3）保养配送车辆	（1）熟悉运输任务和运输生产计划 （2）掌握货物流量、流向、季节性变化 （3）能够合理组织调运 （4）掌握保养配送车辆的方法
12	客服员	（1）处理订单 （2）处理客户投诉 （3）管理客户关系 （4）调查客户意见	（1）熟悉输入、输出、查询、跟踪订单的方法 （2）掌握客户关系处理技巧 （3）掌握客户意见调查的方法和技巧
13	取派员	（1）配送作业中到客户处取货 （2）配送作业中到客户处派送货物	（1）熟悉取货流程和面单的填写方法 （2）掌握货物的验收方法 （3）熟悉派送货物的流程

三、配货员的主要职责

配货员岗位在配送流程中处于出库阶段，配货员的主要职责是：根据上级分配的配货申请单，准时、准确完成配货任务。配货过程中如果发现所需商品的库位、批号、规格与实际商品不一致，要及时向上级汇报，并进行处理。

在配货过程中，要做好设施设备维护与卫生工作。要爱护各种设施设备与工具（如手推车、周转箱等），使用完毕及时归位，发现破损及时上报处理。根据安排，做好分管区域的卫生管理工作，保证配货区整洁有序。

任务实施

一、认识配送中心的区域布局

每组学生分别学习配送中心各区域的名称、位置、功能和特点，然后汇总、记录、讨论，每一组选派一名代表，带领全体学生沿着通道依次认识各区域名称与功能。

在学习过程中，要注意各组之间和学生之间的顺序，排队依次学习，以免秩序混乱。

二、阐述配送中心各岗位的职责

各学生学习配送中心各个岗位的职责，并进行岗位角色扮演，阐述自己所扮演岗

位人员的职责，将配送中心各岗位职责（见表 1—8）填写完整。

表 1—8　　配送中心各岗位职责

序号	岗位名称	岗位职责	岗位要求
1	信息员		
2	装卸工		
3	验收员		
4	理货员		
5	保管员		
6	补货员		
7	配货员		
8	复核员		
9	出货员		
10	加工作业员		
11	调度员		
12	客服员		
13	取派员		

三、完成配货作业

根据配货业务操作步骤（见表 1—9），完成配货作业。

表 1—9　　配货业务操作步骤

序号	操作图示	操作说明
1		配货员根据配货申请单进行库区货物的配货作业

续表

<table>
<tr><th>序号</th><th>操作图示</th><th>操作说明</th></tr>
<tr><td>2</td><td>

配货申请单

配货仓库：LW1　客户名称：北京欧乐科技有限公司　日期：2018 年 8 月 10 日

<table>
<tr><th>货品编号</th><th>规格</th><th>单位</th><th>数量</th><th>备注</th></tr>
<tr><td>80457681</td><td>1×5</td><td>个</td><td>2</td><td></td></tr>
<tr><td>85163471</td><td>1×5</td><td>个</td><td>3</td><td></td></tr>
<tr><td>85160784</td><td>1×5</td><td>个</td><td>2</td><td></td></tr>
<tr><td>85160371</td><td>1×5</td><td>个</td><td>1</td><td></td></tr>
<tr><td>85161057</td><td>1×5</td><td>个</td><td>3</td><td></td></tr>
<tr><td>85160715</td><td>1×5</td><td>个</td><td>4</td><td></td></tr>
<tr><td>85161033</td><td>1×5</td><td>个</td><td>2</td><td></td></tr>
<tr><td>85160296</td><td>1×5</td><td>个</td><td>3</td><td></td></tr>
<tr><td>85160746</td><td>1×5</td><td>个</td><td>1</td><td></td></tr>
<tr><td>85160203</td><td>1×5</td><td>个</td><td>2</td><td></td></tr>
<tr><td></td><td></td><td></td><td></td><td></td></tr>
</table>

业务员：王×　销售部经理：王×　配货员：　保管员：　取单人签字：

</td><td>配货员根据配货申请单对需拣取货物的位置及数量进行了解，继而进行具体的作业，包括对商品型号、规格、外包装、吊牌等进行核实</td></tr>
<tr><td>3</td><td>

<table>
<tr><td>85161057</td><td>1×5</td><td>个</td><td>3</td><td></td></tr>
<tr><td>85160715</td><td>1×5</td><td>个</td><td>4</td><td></td></tr>
<tr><td>85161033</td><td>1×5</td><td>个</td><td>2</td><td></td></tr>
<tr><td>85160296</td><td>1×5</td><td>个</td><td>3</td><td></td></tr>
<tr><td>85160746</td><td>1×5</td><td>个</td><td>1</td><td></td></tr>
<tr><td>85160203</td><td>1×5</td><td>个</td><td>2</td><td></td></tr>
</table>

业务员：王×　销售部经理：王×　配货员：××　保管员：

</td><td>配货完毕，配货员在配货申请单的配货员处签字</td></tr>
<tr><td>4</td><td> </td><td>配货员将拣取的货物暂存于集货区</td></tr>
</table>

续表

<table>
<tr><th>序号</th><th>操作图示</th><th>操作说明</th></tr>
<tr><td>5</td><td>
出库单
仓库名称：北京万盛物流公司（LW1 号仓库） 2018 年 8 月 10 日
<table>
<tr><td colspan="3">采购订单号</td><td colspan="2">201808100009</td><td></td><td colspan="3"></td></tr>
<tr><td colspan="3">客户指令号</td><td colspan="2">OL201808100009</td><td>订单来源</td><td colspan="3">E-mail</td></tr>
<tr><td colspan="3">客户名称</td><td colspan="2">北京欧乐科技有限公司</td><td>质量</td><td colspan="3">正品</td></tr>
<tr><td colspan="3">出库方式</td><td colspan="2">自提</td><td>出库类型</td><td colspan="3">正常</td></tr>
<tr><td>序号</td><td colspan="2">货品编号</td><td>名称</td><td>单位</td><td>产品规格（个）</td><td>申请数量</td><td>实发数量</td><td>备注</td></tr>
<tr><td>1</td><td colspan="2">80457681</td><td>文具盒</td><td>个</td><td>1×5</td><td>2</td><td></td><td></td></tr>
<tr><td>2</td><td colspan="2">85163471</td><td>削笔器</td><td>个</td><td>1×5</td><td>3</td><td></td><td></td></tr>
<tr><td>3</td><td colspan="2">85160784</td><td>剪刀</td><td>个</td><td>1×5</td><td>2</td><td></td><td></td></tr>
<tr><td>4</td><td colspan="2">85160371</td><td>胶带</td><td>个</td><td>1×5</td><td>1</td><td></td><td></td></tr>
<tr><td>5</td><td colspan="2">85161057</td><td>尺子</td><td>个</td><td>1×5</td><td>3</td><td></td><td></td></tr>
<tr><td>6</td><td colspan="2">85160715</td><td>橡皮</td><td>个</td><td>1×5</td><td>4</td><td></td><td></td></tr>
<tr><td>7</td><td colspan="2">85161033</td><td>胶水</td><td>个</td><td>1×5</td><td>2</td><td></td><td></td></tr>
<tr><td>8</td><td colspan="2">85160296</td><td>文件收纳盒</td><td>个</td><td>1×5</td><td>3</td><td></td><td></td></tr>
<tr><td>9</td><td colspan="2">85160746</td><td>笔筒</td><td>个</td><td>1×5</td><td>1</td><td></td><td></td></tr>
<tr><td>10</td><td colspan="2">85160203</td><td>订书器</td><td>个</td><td>1×5</td><td>2</td><td></td><td></td></tr>
<tr><td colspan="6">合计</td><td>23</td><td></td><td></td></tr>
</table>
制单人：李× 提货人：刘×× 保管员：
</td><td>配货员将出库单与配货申请单进行核对，确认无误后将配货申请单交给信息员留底</td></tr>
<tr><td>6</td><td>配货筐</td><td>配货员将出库单和发送地址单一同放于配货筐内，交到出货暂存区，并通知复核员</td></tr>
</table>

当天的配货申请单必须当天完成配货。

思考练习题

1. 什么是配送？

2. 配送中心的主要功能有哪些？

3. 配送中心可分为哪些类型？

4. 简述配送中心的基本作业流程。

5. 绘制学校配送实训室或企业配送中心的区域分布图。

6. 配送中心的主要岗位有哪些？

7. 简述配货业务的操作流程。

项目二　集货作业

任务一　订单处理

任务引入

2018 年 8 月 21 日上午，万盛物流客服部客服员在计算机上接到一份客户北京欧乐科技有限公司（以下简称欧乐公司）的发货通知单，该单具体内容如图 2—1 所示。请完成订单处理的相关工作。

TO：北京万盛物流公司

我司有一批家电需从北京工厂发往苏宁电器大钟寺店，具体信息见下表：

序号	商品名称	数量	单位	重量（t）	体积（m^3）	到货日期
1	洗衣机	6	箱	0.6	9	2018年8月22日
2	电磁炉	10	箱	0.3	5	2018年8月22日
收货单位		苏宁电器大钟寺店				
收货地址		北京市海淀区××路××号 邮编 100036				
联系人		马长虹				
电话		010－8451×××× 1341107×××× 传真 010－8230××××				

急需发运！收到请回复！

FROM：北京欧乐科技有限公司 钱永利
010－5078×××× 1378273××××
北京市通州区马驹桥开发区×××号
邮编 100024 传真 010－8555××××

图 2—1　发货通知单

此外，欧乐公司要求运单回签。该笔业务的配送费用为 600 元，另有杂费 50 元，运输方式为托运，结算方式为月结。欧乐公司的信用记录良好。

任务分析

要完成上述订单处理的任务，需要明确订单处理的主要作业流程，包括接受客户配送订单、确认订单、查询存货、订单录入和生成作业单据等，还应该了解订单的获取方式、订单需要确认的内容和缺货处理流程等相关的知识。

相关知识

一、订单处理概述

订单处理作业是配送中心开展配送业务的前提，它是配送中心的核心业务之一。订单处理是指从接到客户订货到准备着手拣货的作业阶段，涉及客户和订单的资料确认、存货查询和单证处理等活动。订单处理作业流程如图 2—2 所示。

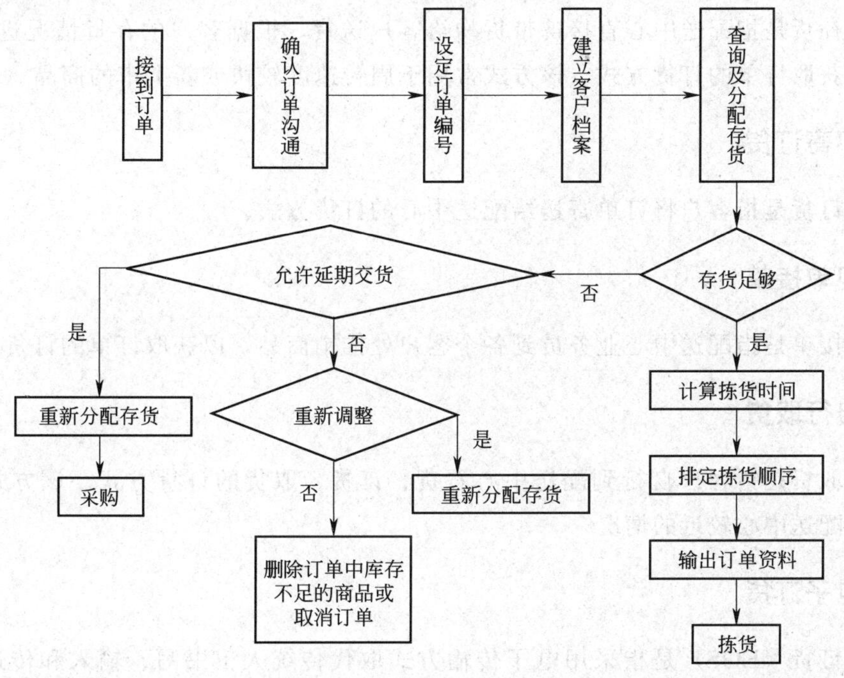

图 2—2　订单处理作业流程

二、订单获取方式

配送作业中订单的获取方式（即订货方式）有很多种，常见的有口头订货、传真订货、电子订货等，随着信息技术在物流领域中的应用，口头订货、传真订货等传统的订货方式逐渐被电子化的订货方式所替代。

1. 口头订货

口头订货是指客户以电话方式向配送中心订货的订货方式，该方式主要应用于企业物流配送和物流企业配送。它的优点是方便、效率高，缺点是错误率比较高。

2. 传真订货

传真订货是指客户将所需订购货物的详细信息通过传真机发送给配送中心的订货方式。它的优点是快速、简便、节约时间，缺点是易受传真设备和传输线路的影响。

3. 厂商补货

厂商补货是指配送中心直接携带货物给客户送货，根据客户的存货情况进行补给，从而即时获取订单的订货方式。该方式常用于周转速度较快或新上市的商品。

4. 邮寄订货

邮寄订货是指客户将订单寄送给配送中心的订货方式。

5. 跑单接单

跑单接单是指配送中心业务员到各个客户处推销商品，以获取订单的订货方式。

6. 自行取货

自行取货是指客户自行到配送中心看货、订货、取货的订货方式。该方式多适用于客户离配送中心较近的情况。

7. 电子订货

电子订货（EOS）是指采用电子传输方式取代传统人工书写、输入和传送，将订货资料由书面资料转变成电子资料，并通过通信网络进行传送的订货方式。它主要包括电子邮件订货、销售终端系统（POS）订货、订货应用系统订货等方式。

三、确认订单内容

配送中心收到订单后，需要确认的内容主要包括以下几个方面：

1. 确认货物名称、数量及送货日期

配送中心首先要检查货物的名称、数量、送货日期等是否有遗漏、笔误或不符合要求的情形，尤其当送货时间有问题或出货时间已延误时，更需要与客户再次确认订单内容或更正配送时间。

2. 确认客户信用状况

配送中心要核查客户的财务状况，确定其是否有能力支付该订单的账款，通常的做法是检查客户的应付账款是否已经超过其信用额度。

3. 确认订单类型

客户的需求不同，订单的类型不同，则配送中心的处理方式也有所不同。订单的类型主要有以下几种：

（1）一般交易订单

对于这类订单，配送中心接单后按正常的作业程序拣货、出货、配送、收款结账。

（2）间接交易订单

这类订单是指客户向配送中心订货，但由供应商直接配送给客户的订单。配送中心接单后，将订货信息传给供应商由其代为配送。

（3）现销式交易订单

这类订单是指与客户当场直接交易、直接给货的订单。配送中心在订单输入前就已经把货物交给了客户，故不需要再进行拣货、出货、配送等作业，只需记录交易资料，以便收取应收款项。

（4）寄库式交易订单

这类订单是指客户因促销、降价等因素而先行订购某些商品，以后视需要再要求送货的订单。这些商品的交易价格应该是客户当初订购时的价格。

（5）兑换券交易订单

这类订单是指客户通过兑换券兑换商品的订单。兑换时，配送中心应核查兑换券是否真实有效，如果确认无误则依据兑换条件予以配送，并收回客户的兑换券。

（6）合约式订单

这类订单是指与客户签订配送契约的订单。配送中心应在约定送货日临近时，将

该资料输入系统进行处理，以便出货配送，或在一开始就输入合约内容并设定各批次送货时间，到约定送货日时由系统自动处理。

4. 确认订货价格

不同的客户、不同的订购量，可能有不同的价格，输入价格时配送中心应加以审核。若输入的价格不符合要求（如因录入人员错误或因业务员降价强行接单等），系统会加以锁定，以便主管审核。

5. 确认加工包装

对于客户对订购的货物是否有特殊的包装、分装或贴标等要求，或是有关赠品的包装等资料，配送中心都要详细确认记录。

四、缺货处理

若出现存货数量无法满足客户需求，且客户又不愿意以替代品替代时，配送中心可以与客户沟通，了解客户的意愿，采取以下方法进行处理：

1. 重新调拨

若客户不允许延期交货，而配送中心也不愿意失去客户订单，则配送中心有必要重新调拨分配订单。

2. 补交货

若客户允许不足额的订货可待有货时再予以补送，且配送中心的规定允许，则配送中心采取补送方式。

3. 删除不足额订单

若客户允许不足额的订货可待有货时再予以补送，但配送中心的规定不允许分批送货，则配送中心删除不足额订单。

4. 延迟交货

若客户允许一段时间后交货，且希望所有订单货物一同配送，则配送中心采取延迟交货。

5. 取消订单

若客户希望所有订单货物一同配送，且不允许延期交货，而配送中心又无法重新调拨，则配送中心只有取消订单。

任务实施

一、接收客户配送订单

首先，信息员接收客户的发货通知单并打印。

其次，各组学生在表 2—1 中列出各种常用订单获取方式，并判断本次任务所接收订单属于哪种获取方式。

表 2—1　　订单获取方式

订单获取方式	
本次任务所接收订单的获取方式	

二、确认订单

首先，各组学生根据任务描述，确认订单信息，将表 2—2 填写完整。

表 2—2　　确认订单信息

序号	项目	确认结果
1	货物名称	
2	货物数量	
3	送货日期	
4	客户信用	
5	加工包装	
6	……	

其次，挑选学生设定不同角色，模拟进行订单沟通确认。假设订单内容不详，信息员或客服员打电话给客户就本次订单的缺失内容进行沟通，说明应补充的订单信息，然后让客户重新发一份完整的订单并再次确认。

电话沟通中需要注意使用礼貌用语，如“您好”“请”“谢谢”“麻烦您”等。电话开始一般要说：“您好，这里是××公司，您发来的订单我们已收到，关于订单内容还需要进一步跟您沟通……”

三、订单录入

1. 信息员或客服员打开业务系统，用自己的账号和密码登录。

2. 在系统相关菜单中单击“新增”，新建一个配送订单，填写配送订单的基本信息和托运人信息，如图 2—3 所示。

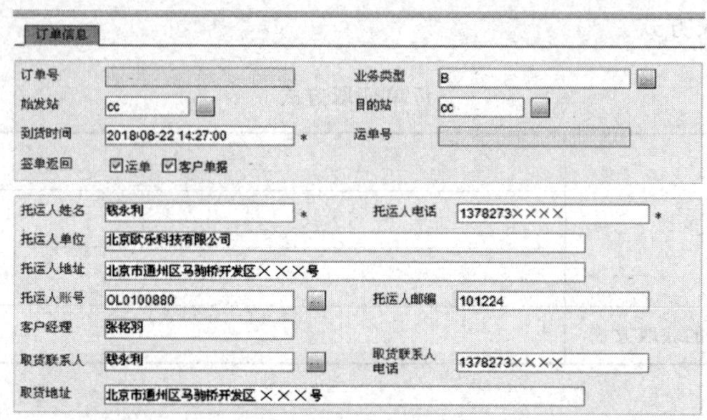

订单信息

订单号　　业务类型 B

始发站 cc　　目的站 cc

到货时间 2018-08-22 14:27:00 *　　运单号

签单返回 ☑运单 ☑客户单据

托运人姓名 钱永利 *　　托运人电话 1378273×××× *

托运人单位 北京欧乐科技有限公司

托运人地址 北京市通州区马驹桥开发区×××号

托运人账号 OL0100880　　托运人邮编 101224

客户经理 张铭羽

取货联系人 钱永利　　取货联系人电话 1378273××××

取货地址 北京市通州区马驹桥开发区×××号

图 2—3　新增配送订单

3. 填写收货人信息（姓名、电话、单位、地址和账号等）和相关费用（运费、杂费、保险费等）情况，如图 2—4 所示。

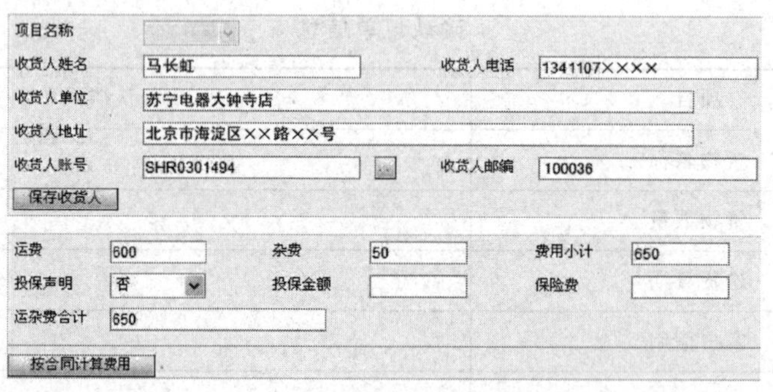

项目名称

收货人姓名 马长虹　　收货人电话 1341107××××

收货人单位 苏宁电器大钟寺店

收货人地址 北京市海淀区××路××号

收货人账号 SHR0301494　　收货人邮编 100036

保存收货人

运费 600　　杂费 50　　费用小计 650

投保声明 否　　投保金额　　保险费

运杂费合计 650

按合同计算费用

图 2—4　填写收货人信息

4. 填写结算方式。单击“增加”，填写配送货物信息（包括货物单位、体积、数量和重量等信息），如图 2—5 所示。

5. 订单填写完毕后，单击“保存订单”，返回到配送订单列表。勾选该订单，单击“生成作业计划”，提交该配送作业计划，如图 2—6 所示。

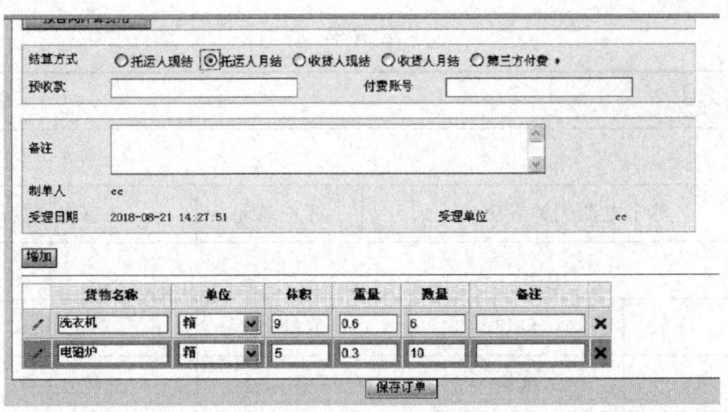

图 2—5　填写配送货物信息

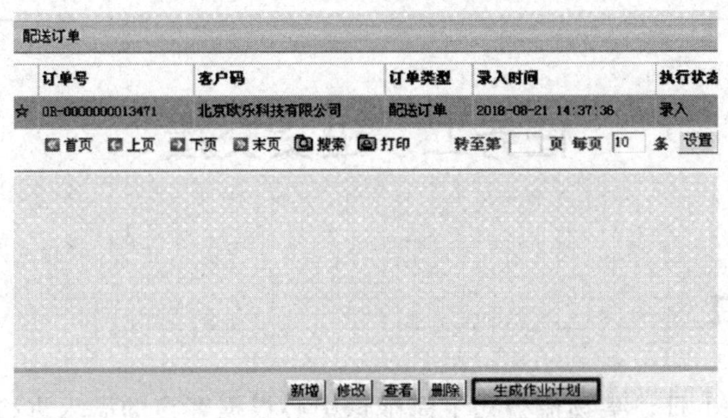

图 2—6　生成作业计划

6. 打印生成拣货单（见表 2—3），保管员根据拣货单进行拣货。打印生成送货单（见表 2—4）。送货单是给客户签收、确认的单证，在交货配送时，由客户清点签收。

表 2—3　　　　　　　　　　**拣货单**

<table>
<tr><td>作业单号</td><td colspan="4">0000000000000000023056</td><td>库房</td><td colspan="3"></td></tr>
<tr><td colspan="9">货品明细</td></tr>
<tr><td>位置</td><td>货品编号</td><td>货品名称</td><td>规格</td><td>批次</td><td>单位</td><td>应拣</td><td>实拣</td><td>备注</td></tr>
<tr><td>C00880－A00104</td><td>8292829292</td><td>洗衣机</td><td>1×1</td><td>1</td><td>箱</td><td>6</td><td></td><td></td></tr>
<tr><td>C00880－A00105</td><td>9292929201</td><td>电磁炉</td><td>1×1</td><td>1</td><td>箱</td><td>10</td><td></td><td></td></tr>
<tr><td></td><td></td><td></td><td></td><td></td><td></td><td></td><td></td><td></td></tr>
<tr><td></td><td></td><td></td><td></td><td></td><td></td><td></td><td></td><td></td></tr>
<tr><td></td><td></td><td></td><td></td><td></td><td></td><td></td><td></td><td></td></tr>
</table>

表 2—4 送货单

日期：2018 年 8 月×日				编号：L000012001
客户信息				
客户单位	苏宁电器大钟寺店		客户地址	北京市海淀区××路××号
货物信息				
货品名称	包装	数量	单位	实收数量
洗衣机	纸箱	6	箱	
电磁炉	纸箱	10	箱	
客户验收意见：				

任务二　进货交接

任务引入

2018 年 12 月 1 日，某物流公司上海配送中心根据客户的需求进行了进货预订。12 月 13 日，上海配送中心接到北京货运中心发送过来的到站预报信息。信息中表明，12 月 14 日早上 5 点将有一辆车牌为京 C230××的班车经停上海配送中心，该车上有 4 票货物需要卸载，具体到货信息见表 2—5。请完成进货交接的相关工作。

表 2—5 到货通知单

始发站		北京	目的站	上海	备注
收货信息	收货人	客户 A	客户 B	客户 C	客户 D
	是否送货	是	是	是	否
	收货地址	上海市××区 ××路××号	上海市××区 ××路××号	上海市××区 ××路××号	上海市××区 ××路××号
	联系人	邱××	陈××	王××	袁××
	联系方式	021－5386××××	021－6386××××	1398733××××	1364509××××
	收货时间	2018 年 12 月 20 日 8：00—15：00	2018 年 12 月 20 日 8：00—10：00	2018 年 12 月 20 日 5：00—18：00	2018 年 12 月 20 日 9：00—16：00

续表

始发站		北京	目的站	上海	备注
托运信息	托运人	北京乐华箱包贸易公司	北京富通科技有限公司	零味道商贸有限公司	佳美商贸有限公司
	联系人	林××	冯××	孟××	李××
	联系方式	010－5908××××	1360109××××	010－8725××××	1390087××××
货物名称		相机包	蓝牙耳机	蜜饯礼盒	面包机
包装规格（m）		0.345×0.345×0.24	0.285×0.38×0.27	0.32×0.48×0.20	0.32×0.57×0.22
单位		箱	箱	箱	箱
体积（m^3）		0.057	0.117	0.092	0.843
重量（kg）		15	20	12	105
数量		2	4	3	21
运单号		1000020140901	2000020140902	3000020140903	4000020140904

任务分析

要完成上述进货交接任务，需要了解进货交接的主要作业流程，包括进货前的准备、核对有关单据和信息、卸货的方式、货物验收的方式和货物入库后的处理方式等。

相关知识

一、进货作业概述

进货作业是配送作业中物流活动的第一个环节，其作用是完成配送的集货功能。进货作业是后续作业的基础和前提，它的作业质量直接影响到后续作业的质量。

进货作业是指接收货物实体，从货车上将货物卸下，检查其数量、质量，然后将货物搬运到指定位置，并将有关信息做书面表述等一系列活动。进货作业的流程如图 2—7 所示。

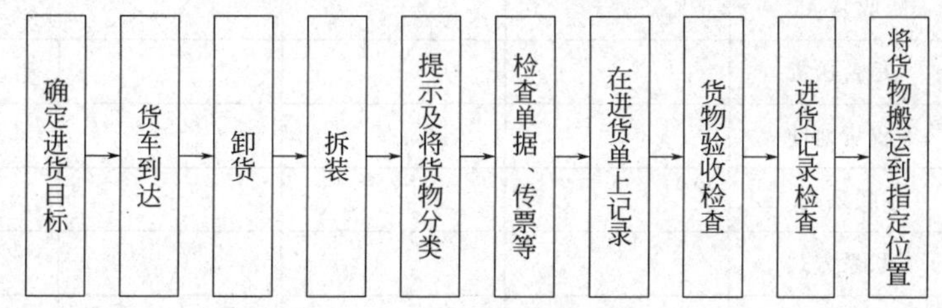

图 2—7　进货作业的流程

二、进货前的准备

在商品到达配送中心之前，信息员应及时查看到货通知，根据到货通知及时掌握入库商品的品种、数量和到库时间等具体情况，并在此基础上做好以下准备工作：

1. 储位准备

根据到货通知的要求，可以是客户自提也可以是配送中心配送，配送的部分根据配送的时间要求，可以选择直接周转或者安排货位存储。

2. 人员安排

根据到货时间、数量，预先安排好接运、信息处理、卸货、检验、搬运、入库或分拨的作业人员。

3. 设备准备

根据到货商品的理化性质、包装、单位重量、体积、数量等信息，确定检验、计量、卸货与搬运的方法，准备好相应的检验设施以及度量衡、卸货、码货工具和设备，并安排好卸货站台空间。

三、核对有关单据和信息

进货商品通常附有采购订单、到货通知单、供应方开具的进仓单、发票、磅码单、发货明细等单据或相关信息。除此之外，有些商品还有随货发送的商品质量保证书、材料说明书、合格证、装箱单等。配送中心的信息员在接收到货时，首先要核对货物运输交接单，见表 2—6。

表 2—6　货物运输交接单

始发站		目的站		备注	
收货信息	收货人				
	是否送货				
	收货地址				
	联系人				
	联系方式				
	收货时间				

续表

始发站		目的站		备注	
托运信息	托运人				
	联系人				
	联系方式				
货物名称					
包装规格（m）					
单位					
体积（m^3）					
重量（kg）					
数量					
运单号					

四、卸货

卸货是将货物由车辆的车厢搬运至配送中心月台的过程。常用的卸货工具有叉车、手动液压托盘搬运车、手推车、输送带等，如图 2—8 所示。卸货时，徒手一次只能搬运一件货物，不能有丢、摔、扔等暴力操作行为。如果运输车辆与月台之间有一定的落差，为了作业安全与方便，可以采用可移动式楔块、升降平台、车尾附升降台、吊钩等工具。

图 2—8　常用的卸货工具

五、货物验收

货物验收是指按照验收业务作业流程，执行核对凭证等规定的程序和手续，对入库货物数量和质量进行检验的经济技术活动的总称。货物验收的内容主要包括货物的包装、名称、条码、数量和质量。

1. 货物包装

验收的第一步一般是检查货物的外包装，包括包装是否安全、牢固，标志、标记是否符合要求，包装材料的质量是否完好等。

2. 货物名称和条码

检验货物品名与运单是否相符，检验货物与送货预报是否相符，检验货物的条码与系统数据库内录入的货物资料是否相符。

3. 货物数量

货物数量的验收方法主要包括点件查数法、抽验查数法、检斤换算法和重量验收法等。

4. 货物质量

验收货物质量通常采用感官检查和仪器检查等方法，对大批货物的检查只能采取抽样方式。感官检查一般采取看、闻、听、摇、拍、摸等感官检验方法，检查的范围也只能在包装外表。

六、货物入库

货物验收完成后，就可以搬运入库了。交货人员与仓库保管员办理以下交接手续：配送中心检查核对货物，分析、判定事故，双方认定并在入库单上签字；配送中心给交货单位签发接收入库凭证，并将凭证交给财务人员统计入账、登记，然后安排仓位，提出保管要求。

一般来说，采用货架存储的货物大多需要堆码操作，将货物整齐、规则地摆放成货垛，堆垛在地面或码盘上。

对于周转率比较高的货物，配送中心可以采取直接分拨的方式，将货物放上输送带或者搬运至出货暂存区进行分拨，根据货物的配送区域将货物放置于不同的笼车中，等待配送。

任务实施

一、到货预报接收

到货预报接收的操作步骤见表 2—7。

表 2—7　　　　到货预报接收的操作步骤

序号	操作图示	操作说明
1		信息员登录运输系统，查看到货信息
2		取派员到调度处提交“货物运输交接单”
3	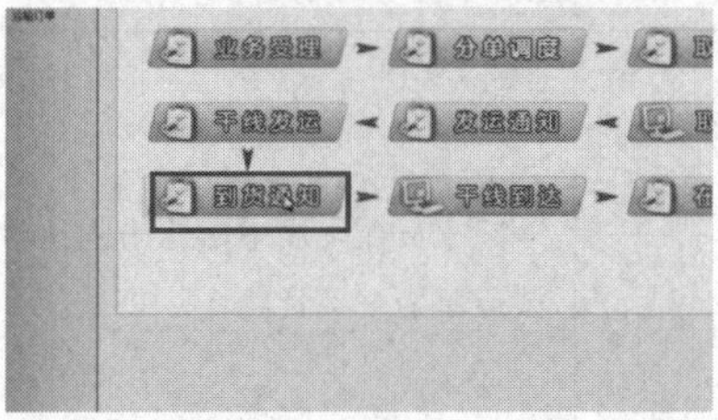	信息员单击“到货通知”，根据交接单号，单击“查看”，查看系统当前到货信息，并将到货信息与取派员提供的货物运输交接单进行对比
4	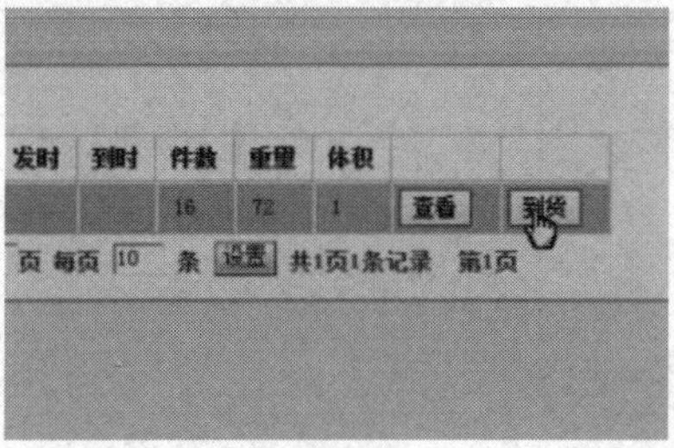	信息员审核无误后，单击“到货”确认到货

二、到站货物交接

到站货物交接的操作步骤见表 2—8。

表 2—8　　到站货物交接的操作步骤

序号	操作图示	操作说明
1		取派员将货物运输交接单交给验收员
2		验收员凭货物运输交接单检查车辆封签并拆解
3		验收员打开车厢门
4		验收员在车厢中筛选出到达该配送中心的 4 票运单的全部货物
5		验收员按照操作规范执行货物卸载作业，并检查货物的完好性

续表

序号	操作图示	操作说明
6		货物卸载后，验收员凭货物运输交接单核对运单、货物标签（条码），清点货物件数，检查货物包装状态（主要包括外包装是否存在污染、破损、未封箱等情况）
7		经检查没有任何异常情况后，验收员在货物运输交接单上填写到站时间并签字确认

卸货时，徒手每次只能搬运一件货物，轻拿轻放，不能暴力操作。4 票货物中，有 1 票货物是自提的，由客户自行到配送中心提货，可以用手动液压托盘车或者叉车将整托盘货物卸下，放置在出货暂存区。

三、到站货物处理

到站货物处理的操作步骤见表 2—9。

表 2—9　　到站货物处理的操作步骤

序号	操作图示	操作说明
1		理货员打开手持终端，单击“干线入站”，选择交接单号，单击“扫描”
2		理货员利用手持终端对到达的 4 票运单所有货物进行入站扫描

续表

序号	操作图示	操作说明
3		扫描完成后，理货员在手持终端上单击“确认”，选择交接单号，单击“入站”，确认入站
4		理货员根据到达货物的具体情况，确认每一笔到站货物的具体配送区域，将该区域的暂存笼车提取出来，推送至输送线两侧
5		理货员启动输送线，将扫描确认无误可以正常接收入站的货物搬运上输送线
6		负责货物分拣作业的理货员进行货物的入站分拣
7		待分拣线上所有货物分拣完毕，理货员关闭输送线，清理现场并检查有无遗留货物，并将笼车推回相应的暂存区
8		理货员将货物运输交接单交由调度员留存

思考练习题

1. 绘制订单处理作业的流程图。
2. 订单获取的方式主要有哪些?
3. 配送中心收到订单后，需要确认哪些信息?
4. 如果出现缺货，配送中心应该如何处理?
5. 绘制进货作业的流程图。
6. 进货前需要做好哪些准备工作?
7. 常用的卸货工具有哪些?
8. 简述货物验收的主要内容。
9. 货物验收完成后，交货人员与仓库保管员要办理哪些交接手续?

项目三　配货作业

任务一　分拣作业

任务引入

2018 年 3 月 15 日上午，某物流公司上海配送中心接到红星超市、联华超市和大润发超市传来的出库通知单共 3 张，要求按照出库通知单上所列信息进行分拣备货，次日进行配送。3 张出库通知单的具体信息分别见表 3—1、表 3—2、表 3—3。请按照出库通知单对分拣作业进行规划，并运用摘果式和播种式两种分拣方式完成货物分拣的相关工作。

表 3—1　　　　**红星超市出库通知单**

客户指令：CK2018031501

仓库	实训库房			收货人	红星超市
货品编号	货品名称	规格	单位	数量	备注
922266438820	统一冰红茶	500 mL	瓶	50	
922868289127	统一阿萨姆奶茶	500 mL	瓶	30	
901236373958	康师傅包装饮用水	550 mL	瓶	60	
923555218482	康师傅绿茶	500 mL	瓶	70	
910183004297	康师傅冰红茶	500 mL	瓶	40	
942417395437	娃哈哈纯净水	596 mL	瓶	20	

表 3—2　　联华超市出库通知单

客户指令：CK2018031502

仓库	实训库房			收货人	联华超市
货品编号	货品名称	规格	单位	数量	备注
923555218482	康师傅绿茶	500 mL	瓶	250	
910183004297	康师傅冰红茶	500 mL	瓶	60	
942417395437	娃哈哈纯净水	596 mL	瓶	80	
922868289127	心相印卷筒纸	3 层 200 克	提	10	
901236373958	维达卷筒纸	3 层 200 克	提	15	
930363000468	五月花卷筒纸	3 层	提	20	

表 3—3　　大润发超市出库通知单

客户指令：CK2018031503

仓库	实训库房			收货人	大润发超市
货品编号	货品名称	规格	单位	数量	备注
930363000468	五月花卷筒纸	3 层	提	15	
922266438820	清风卷筒纸	3 层 160 克	提	20	
922868289127	心相印卷筒纸	3 层 200 克	提	18	
910183004297	康师傅冰红茶	500 mL	瓶	100	
902083881405	娃哈哈纯净水	596 mL	瓶	150	
922233611058	康师傅包装饮用水	550 mL	瓶	120	

任务分析

要完成上述货物分拣任务，需要注意以下几点：首先，需要规划拣货流程；其次，要制作分拣单；最后，需要掌握摘果式分拣和播种式分拣的不同含义、特点及作业流程，并进行分拣作业。

相关知识

一、分拣作业的含义

分拣作业是指配货员在获取拣货信息后，按照一定的方式拣取货物的过程，它是物流出库作业的重要环节之一。分拣成本是物流搬运成本的主要组成部分，分拣作业也是物流作业中最消耗劳动力的作业之一。因此，提高分拣效率对提高整个物流作业效率来说至关重要。

二、分拣作业方式

分拣作业按照流程不同可以分为摘果式分拣和播种式分拣两种分拣方式。

1. 摘果式分拣作业

摘果式分拣作业是针对每一份订单（即每个客户）进行分拣操作，配货员巡回于各个货物储位，用设备将所需的货物取出，形似“摘果”的作业过程。

摘果式分拣是比较传统的一种分拣方式，适用于订单金额差异较大，订货数量变化频繁，商品品种差异较大的分拣作业。其优缺点见表 3—4。

表 3—4　　摘果式分拣作业的优缺点

优点	缺点
（1）操作简单灵活，容易调整，分工公平，责任明确 （2）每人每次只处理一份订单或一个客户的订单，前置时间（客户从发出订单到收到货物的时间间隔）短 （3）接单后即可拣货，前期工作量较小，后期工作量大 （4）对拣取顺序没有硬性要求，临时调整容易，作业弹性大	（1）货物品种较多时，分拣路径长且易重复 （2）耗时长，效率低，不适合批量订单 （3）分拣过程中无法及时发现拣货差错 （4）频繁往返于储位间进行作业，容易造成储位及库存的不准确

2. 播种式分拣作业

播种式分拣作业是把多个客户的多份订单集合成一批，先把其中每种商品的数量分别汇总，再按品种逐个对客户进行分货，形似“播种”的作业过程。这种方式又可称为“商品类别汇总分播”。

播种式分拣适用于订单数量庞大的分拣作业，也适用于订单变化较小、订单数量稳定、订货商品较为固定、订货商品外形较规则的分拣作业，需要进行流通加工的商品也适合采用播种式分拣。播种式分拣作业的优缺点见表 3—5。

表 3—5　　　　　　　　　　　　　　　**播种式分拣作业的优缺点**

优点	缺点
（1）二次分货时需要复核批次货物，这样可以大大提高分拣作业的正确率 （2）相比于摘果式分拣，相同订单量下的分拣路径较短，且同路径上无须重复作业，作业效率高 （3）可以一次分拣完所有商品，无须往返于储位间操作，有助于保证储位及库存的准确性	（1）每次处理多份订单或多个客户订单，前期工作量大，特别是订单处理方面，需要对订单进行二次分配，后期工作量相对较小。操作复杂，难度相对较大 （2）前置时间比较长，对新订单可能无法及时做出反应 （3）客户订单必须满足一定条件，当订单货物种类较多时容易造成分配工作的不便

3. 分拣作业流程

摘果式分拣和播种式分拣的作业流程有一定差异，分别如图 3—1 和图 3—2 所示。

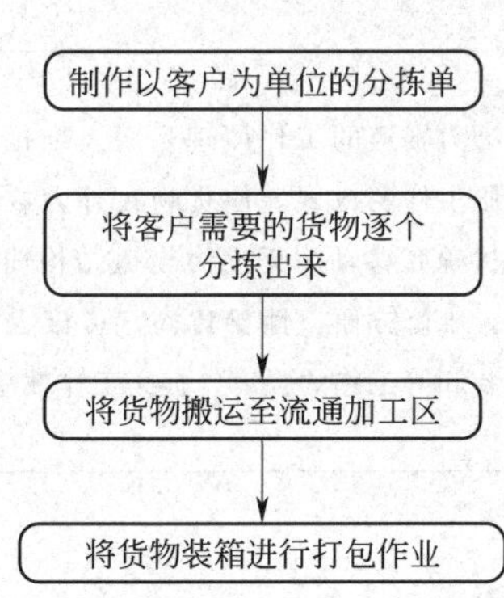

图 3—1　摘果式分拣作业流程

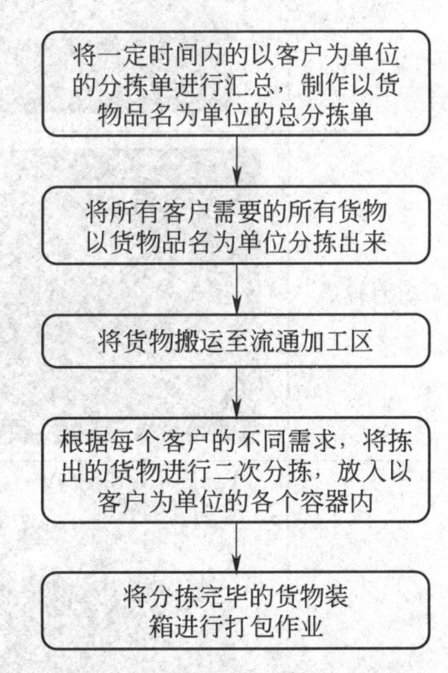

图 3—2　播种式分拣作业流程

三、常用的分拣设备

分拣作业中常用的设备见表 3—6。

表 3—6　　　　　　　　　　　　　　　　**常用分拣设备**

序号	设备名称	图片	说明
1	周转箱		周转箱又称物流箱，具有无毒、无味、防潮、耐腐蚀、自重轻、可堆叠、清洁方便、周转便捷等优点，是出入库作业中常用的物流容器

续表

序号	设备名称	图片	说明
2	手推车		手推车主要以人力推或拉进行作业，造价低廉，维护简单，操作方便，自重轻，并能在机动车辆不便使用的地方工作
3	万向球台		通过万向球的灵活滚动，在其上运行的工作板、物料箱等工具在盛装货物的情况下，能非常灵活地滑移，减轻了工人的劳动强度。它广泛应用于流水线的输送、过渡、转弯等场合
4	无动力辊道		无动力辊道的工作原理是用人推拉工件或工件挤压工件的方式，使货物在外力或重力作用下通过辊筒移动。无动力辊道结构简单，稳定可靠，维修方便，性价比高，可极大地减轻搬运、装卸等工作的强度，提高工作效率
5	笼车		笼车是一种用来运送和储存货物的单元移动集装设备。笼车置物空间较大且应用灵活，可折叠收藏，不占空间，机动性较高，设计科学，结构合理，安全美观，是分拣作业的重要设备

任务实施

一、规划分拣流程

根据出库通知单的订单数量、不同货物种类、相同货物种类、发货时间等信息规划分拣流程，以小组为单位填制分拣流程规划表（见表 3—7）。各小组派代表进行展示讲解，教师进行指导。

表 3—7　　　　　　　　　　　　分拣流程规划表

小组名称		规划日期	
学生姓名			
订单数量		发货时间	
不同货物种类数		相同货物种类数	
分拣方式			
分拣流程			

二、进行分拣操作

根据摘果式分拣和播种式分拣的操作步骤（见表 3—8 和表 3—9）分别进行分拣操作。各小组组长安排学生在完成一种分拣方式的操作后，再进行另一种分拣方式的操作。学生以小组为单位依次轮流进行操作训练，反复练习。组长对每位学生的训练完成情况进行记录汇报，最后由教师评价完成情况。

表 3—8　　　　　　　　　　　　摘果式分拣操作步骤

序号	操作图示	操作说明
1	添加货品[A] 序号 客户名称 货品名称 单位 质量 数量 1 红星超市 统一冰红茶 瓶 正品 50 2 红星超市 统一阿萨姆奶茶 瓶 正品 30 3 红星超市 康师傅包装饮用水 瓶 正品 60 4 红星超市 康师傅绿茶 瓶 正品 70 5 红星超市 康师傅冰红茶 瓶 正品 40 6 红星超市 娃哈哈纯净水 瓶 正品 20	信息员正确处理客户订单，根据货物配送情况制作货物分拣单
2		配货员拿取摘果式分拣单及分拣所需设备前往电子分拣区进行分拣操作

续表

序号	操作图示	操作说明
3		配货员进入计算机或手持终端的分拣系统，激活电子标签
4		配货员根据电子标签显示数值拣取相应数量的货物
5		拣取完毕，配货员按灭电子标签上的“确认”键，表明该货物拣取结束
6		配货员重复步骤3～5，进行所有货物的拣取。待所有的货物拣取完毕后，分拣货架上的蜂鸣器会自动发出声音，此时按灭蜂鸣器旁的“确认”键，表示所有货物拣取完毕

续表

序号	操作图示	操作说明
7		配货员操作计算机或手持终端，在分拣系统中确认操作结束
8		配货员将货物搬运至操作台，对货物进行复核并装箱
9		配货员进行封箱、粘贴标签等打包作业
10		配货员将打好包的货物搬运至出货暂存区，并对所有设备进行归位，清洁作业现场

表 3—9　　播种式分拣操作步骤

<table>
<tr><th>序号</th><th>操作图示</th><th>操作说明</th></tr>
<tr><td>1</td><td>汇总的拣货单<table>
<tr><td>客户</td><td></td><td>门店编号</td><td></td></tr>
<tr><td>序号</td><td>货品名称</td><td>单位</td><td>数量</td></tr>
<tr><td>1</td><td>统一冰红茶</td><td>瓶</td><td></td></tr>
<tr><td>2</td><td>统一阿萨姆奶茶</td><td>瓶</td><td></td></tr>
<tr><td>3</td><td>康师傅包装饮用水</td><td>瓶</td><td></td></tr>
<tr><td>4</td><td>康师傅冰红茶</td><td>瓶</td><td></td></tr>
</table></td><td>信息员正确处理客户订单，根据货物配送情况制作汇总分拣单</td></tr>
<tr><td>2</td><td> </td><td>配货员拿取汇总分拣单及所需分拣设备到达拣货区准备播种式分拣作业</td></tr>
<tr><td>3</td><td> </td><td>配货员根据汇总分拣单将所需拣取的全部货物从货架上拣取至周转箱内</td></tr>
<tr><td>4</td><td> </td><td>拣取完毕，配货员将拣出的所有货物搬运至拣货区货架准备播种作业</td></tr>
</table>

续表

序号	操作图示	操作说明
5		配货员利用 RF 手持终端对需要拣取货物的标签按货物种类依次进行扫描，激活电子标签
6	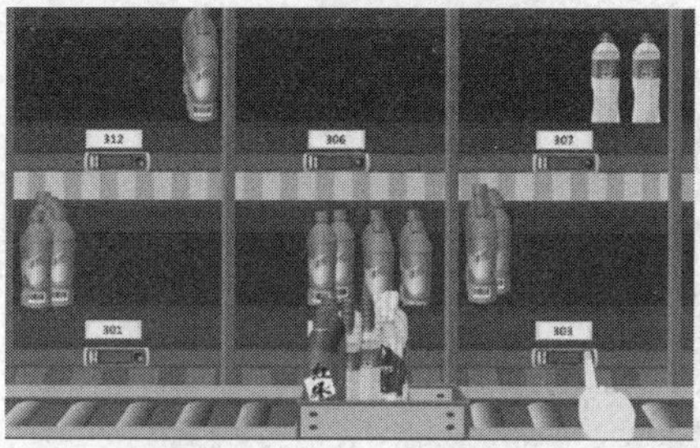	根据电子标签提示，配货员按客户类别进行播种作业，每完成一种货物的播种作业就按灭电子标签旁的“确认”键
7		配货员按照步骤 5～6 的操作要求，进行其余类别货物的播种操作，待所有货物播种完毕，分拣货架上的蜂鸣器会自动发出声音，随即按灭蜂鸣器旁的“确认”键
8	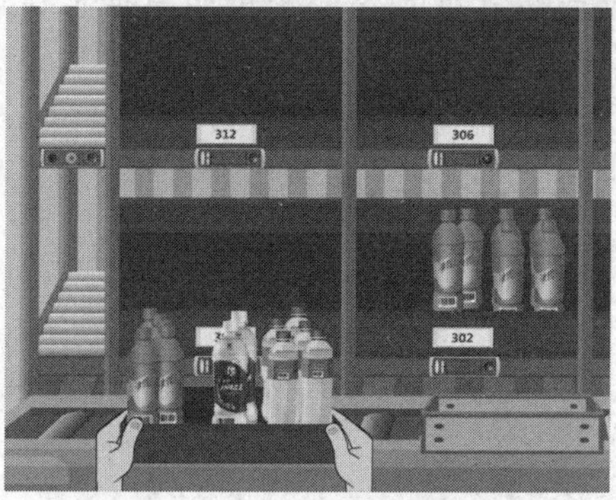	配货员将播种完毕以客户为单位的货物从货架上取下，搬运至流通加工区

续表

序号	操作图示	操作说明
9		配货员根据货物分拣单依次对所有客户的货物进行复核及装箱
10		配货员进行封箱、粘贴标签等打包操作
11		配货员分别将打包完毕的货物放至各自的出货暂存区，并将所有设备归位，清洁作业现场

在操作过程中，注意轻拿轻放货物，避免损坏造成损失。按灭“确认”键时要注意正确操作，以防损坏按键。此外，核对货物数量时要严格按照单据项目逐条核对，避免主观臆断。

任务二　补货作业

任务引入

2018 年 4 月 1 日，某物流公司上海配送中心根据客户的订单进行了分拣作业。在分拣作业前保管员查看了拣货位货物数量，发现统一冰红茶和康师傅绿茶拣货位货物的数量不足，因此需要进行补货操作。具体的补货信息见表 3—10 和表 3—11。请分别完成零散补货操作和整箱补货操作的相关工作。

表 3—10　　补货通知单（1）

客户指令号：CK2018040101

仓库：1 号仓库　　收货人：人人乐

货品编号	货品名称	规格	单位	数量	保管区储位	分拣区储位	备注
223982055	统一冰红茶	500 mL	箱	8			

表 3—11　　补货通知单（2）

客户指令号：CK2018040102

仓库：1 号仓库　　收货人：人人乐

货品编号	货品名称	规格	单位	数量	保管区储位	分拣区储位	备注
228682891	康师傅绿茶	500 mL	瓶	20			

任务分析

要完成上述补货作业任务，首先要明确补货作业的定义，了解补货作业的方式，其次要熟悉零散补货作业和整箱补货作业的操作流程。

相关知识

一、补货作业的概念和作用

补货作业是补货员根据补货标签对拣货区或者拆零区的货物进行数量补充、搬运的作业过程，是分拣作业的前提，它的作业质量直接影响着拣货效率。

在仓储作业中，补货作业具有重要的地位。不通过补货作业进行数量补充，就无法进行后续的分拣作业，同时，补货前核对货物的外包装、名称、数量和条码等信息也是

后续操作顺利进行的保证。补货作业一旦出了问题，将会导致后续作业的失误，严重的还会导致作业的中断。所以，做好补货作业有利于提高物流作业的整体作业效率。

二、补货作业方式

常用的补货作业方式主要有以下几种：

1. 整箱补货

整箱补货是指从保管区将货物整箱搬运到拣货区，由补货员根据订单拣货的作业方式。这种补货方式适合体积小、量少但品种多的货物。

2. 拆零补货

拆零补货是指从保管区将货物搬运到拆零区，打开包装并对相应货物补货的作业方式。

3. 托盘补货

托盘补货是指以托盘为单位进行补货的作业方式。补货员将托盘由保管区运到拣货区，然后将托盘上的货物搬运至输送机。这种补货方式适合体积大或出货量大的货物。

三、补货时机

是否补货及何时补货主要看拣货区的货物存量是否符合需求。按照补货时机的不同，可将补货作业分为定时补货、随机补货、批次补货。

1. 定时补货

定时补货是将每天划分为若干个时段，补货员在时段内检查拣货区货架上的货物存量，如果发现数量不足，马上予以补足。定时补货适用于分批拣货时间固定且需要紧急处理的场合。

2. 随机补货

随机补货是一种指定专人从事补货作业的方式，这些人员随时巡视拣货区的货物存量，发现不足随时补货。随机补货适用于每批次拣取量不大或者作业量不易事前掌握的场合。

3. 批次补货

批次补货是在每天或每一批次拣取前，由计算机系统计算所需货物的总拣取量，再查看拣货区的货物量，于拣货前一特定时点补足货物。批次补货的原则可概括为“一次补足”，适用于单日内作业量变化不大，紧急插单不多，或是每批次拣取量不需要事先掌握的场合。

任务实施

一、制作补货单

由扮演信息员的学生登录作业系统，进入订单管理菜单，单击“补货单”，如图 3—3 所示。分别根据补货通知单（1）和补货通知单（2）制作补货单并打印。组长记录每位学生的操作完成情况并汇报给教师，教师在各组间巡回进行辅导。

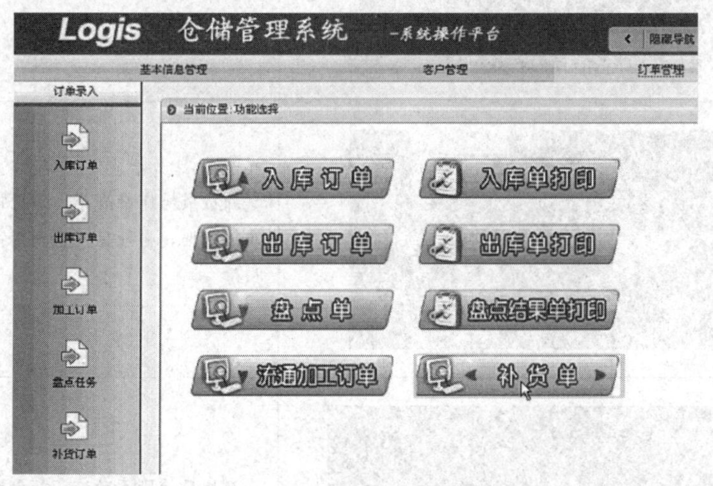

图 3—3 订单管理菜单

二、补货作业

1. 零散补货作业

各小组补货员领取信息员制作的零散补货单，根据零散补货单显示的内容，到货物保管区找到相应的货物储位。操作堆高车取货下架，取一个托盘和一辆手动托盘搬运车，按照零散补货作业操作步骤（见表 3—12）进行作业。组长负责组织本组学生进行操作，教师在各组间巡回进行辅导。

表 3—12　　零散补货作业操作步骤

序号	操作图示	操作说明
1	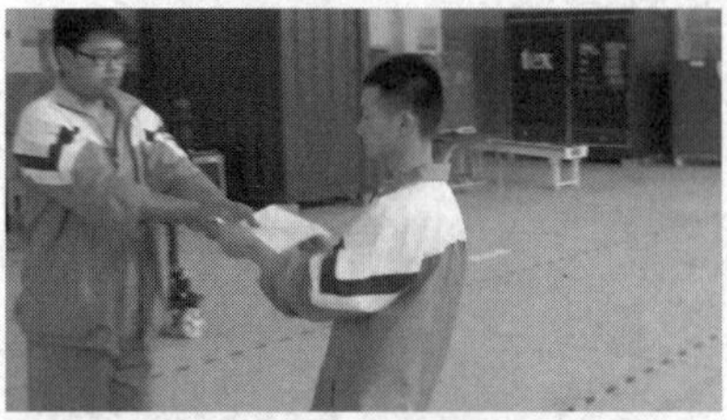 	补货员到办公区领取零散补货单，或者在手持终端中下载补货指令
2		补货员操作堆高车，到货物保管区相应储位取货下架，将托盘放置到货物交接区，将设备归位
3		补货员使用手动液压托盘搬运车，到货物交接区拣取整托盘货物，搬运至拆零区指定托盘暂存区
4	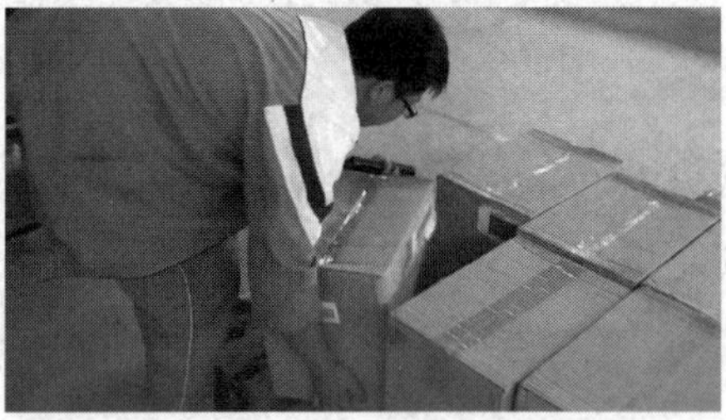	补货员根据货物的包装规格，拣取正确数量的货箱。双手单件搬运或者使用手推车，将货箱搬运至小件分拣货架指定储位的相应位置

续表

序号	操作图示	操作说明
5		补货员使用拆箱工具拆箱
6		补货员从箱内取出零散货物，放入周转箱
7		补货员拆箱后将货箱放置到相应的拆零区指定位置，将下架托盘放置于拆零区指定位置或放回保管区货架，将设备归位，拆零补货完成

取货过程中应该轻拿轻放货物。取完货后，要保持托盘上其余货物摆放整齐。在摆放过程中应该注意查看原箱中货物是否有问题。空箱应拆散后放置到指定地点，箱中若有纸袋，则整理装箱后放置于拆零区以备后用。如果拣取货物数量与补货单上注明的数量不符，则根据实际取到的数量修改补货单上的取货数量。

2. 整箱补货作业

各小组补货员领取信息员制作的整箱补货单，根据整箱补货单显示的内容，到货物保管区找到相应的货物储位。操作堆高车取货下架，取一个托盘和一辆手动液压托盘车，按照整箱补货作业操作步骤（见表 3—13）进行作业，组长负责组织本组学生进行操作，教师在各组间巡回进行辅导。

表 3—13　　整箱补货作业操作步骤

序号	操作图示	操作说明
1	 	补货员到办公区向信息员领取整箱补货单，或者在手持终端中下载补货指令
2		补货员操作堆高车，到保管区相应储位取货下架，将托盘放置到货物交接区（可以在保管区与拣货区指定一个交接区域），将设备归位
3		补货员使用手动液压托盘搬运车，到货物交接区拣取整托盘货物，搬运至拣货区指定储位的相应位置，将设备归位
4		补货员拣取相应箱数的货物，并确认储位，将设备归位，整箱补货完成

取货过程中应该轻拿轻放货物。取完货后，要保持托盘上其余货物摆放整齐。如果拣取货物数量与补货单上注明的数量不符，则根据实际取到的数量修改补货单上的取货数量。

任务三　流通加工

任务引入

2018 年 5 月 3 日，方达仓储配送中心的信息员接到客户巨日百货的出库通知，要求于 5 月 4 日中午 12 点前将 100 套组装好的“办公助手”配送至巨日百货中华路门店。“办公助手”是由剪刀、订书机和文件夹三种商品各一件组成的成套商品，请根据该项出库任务进行流通加工。

任务分析

要完成上述流通加工的任务，首先要明确流通加工的含义，其次要熟悉流通加工作业的类型和基本流程，再根据作业流程，操作相关的工具完成流通加工作业。

相关知识

一、流通加工的概念

流通加工是指在商品进入流通领域前，按客户的要求进行的加工活动，即为了促进销售、保证商品质量和提高物流作业的质量和效率，对商品进行一定程度的加工。流通加工包括包装、分割、计量、分拣、刷标志、拴标签、组装等作业内容。

流通加工作业在物流配送中是一种可选性附带服务作业，主要通过进一步为客户提供高质量、个性化及增加附加值的服务作业，提高物流服务的品质和价值。物流配送中心内较常见的流通加工作业有：为商品制作礼盒包装、热收缩包装及贴价格标签，为进口商品加贴中文标签等。

二、流通加工作业的作用

流通加工作业主要有以下几种作用：

1. 保存产品

保持产品使用价值，延长产品寿命，例如，肉和水产品的保鲜与保质加工，木材的防腐、防干裂加工等。

2. 提高原材料利用率，方便客户

通过集中加工的规模效应来减少原材料的浪费，提高加工质量，例如，钢材、木材集中下料，搭配套料等。

3. 提高物流效率，降低物流损失

为了便于运输和避免损失，改变产品的形态，或者保持半成品未组装的形式，例如，将气体液化，将造纸用木材磨成木屑等。

4. 适应销售需要

为了满足客户对产品的多样化需要，将产品进行多样化的改包装、组合包装，例如，制作化妆品、食品的套装和礼盒包装等。

此外，有些进口商品需要贴中文标签等，例如，洋酒等进口商品要在瓶子上加贴中文标签。

三、流通加工作业的类型

根据作业时间点的不同，流通加工作业一般可以分为以下三种：

一是商品入库立即进行加工，不区分客户类别，所有商品均需进行加工，加工内容具有共通性，如进口商品贴中文标签等作业。

二是根据特定商品或特定客户所做的流通加工，此类作业大多在拣货之后即做流通加工，加工完成之后再出库。

三是拥有商品所有权的物流配送中心根据营销目标对库内商品所进行的流通加工。为了保证库存和储位的准确性，此类加工需要先以出库的形式提取货物，加工完毕后再以进货的形式入库存放。

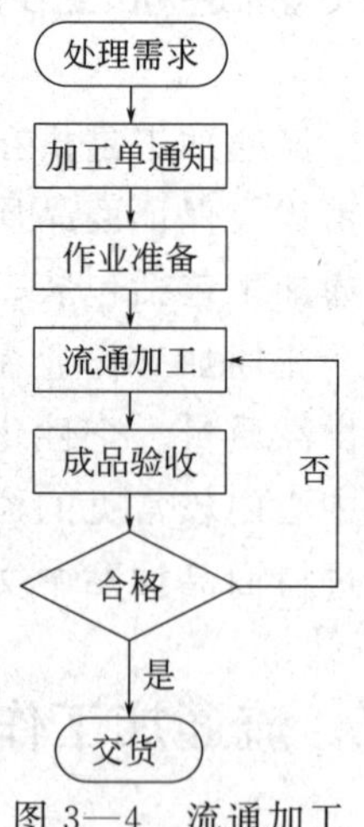

图 3—4 流通加工作业的基本流程

四、流通加工作业的基本流程

各种流通加工类型的基本流程是相同的，如图 3—4 所示。其具体步骤是：

信息员按照客户的需求生成流通加工单，流通加工单上须注

明订单号、货品数量、规格、加工要求及时限等信息。

收到流通加工单后，管理人员根据加工单要求安排进程。

工作人员提取货品，并注意核对信息、确认签字，然后安排加工作业人员准备作业设备。

加工作业人员按照要求进行流通加工。

加工完成后，检验员进行验收，若不合格，返回重新进行流通加工。

检验员将合格产品移交下一环节，双方确认并签字，交接完成。

任务实施

一、配送加工单处理

以小组为单位，各组信息员在收到通知后按照配送加工单处理的操作步骤（见表 3—14），依次制作和打印配送加工单。教师对学生操作的规范性和准确性进行指导。

表 3—14　　配送加工单处理的操作步骤

<table>
<tr><th>序号</th><th>操作图示</th><th>操作说明</th></tr>
<tr><td>1</td><td>返回　回复　恢复全部　转发　删除　举报　标记　移动
巨日百货出库通知
发件人：wrui@jrbh.cn
收件人：lzhi@fdcc.cn
时　间：2018年5月3日　10:00
您好，请于2018年5月4日中午12点前将100套组装好的“办公助手”配送至巨日百货中华路门店。</td><td>信息员接到出库通知后，对要求的出库货物信息进行阅读分析</td></tr>
<tr><td>2</td><td>配送加工单
<table>
<tr><td>货物名称</td><td>批次</td><td>单位</td><td>数量</td><td>质量</td><td>源储区</td><td>源储位</td></tr>
<tr><td>剪刀</td><td>2015</td><td>把</td><td>100</td><td>正品</td><td>电子拣货区</td><td>A00000</td></tr>
<tr><td>订书机</td><td>2015</td><td>个</td><td>100</td><td>正品</td><td>电子拣货区</td><td>A00001</td></tr>
<tr><td>文件夹</td><td>2015</td><td>个</td><td>100</td><td>正品</td><td>电子拣货区</td><td>A00002</td></tr>
<tr><td>加工要求</td><td colspan="6">将剪刀、订书机和文件夹各一件组成成套物品“办公助手”，共计 100 套</td></tr>
<tr><td>客户名称</td><td colspan="6">巨日百货</td></tr>
<tr><td>库房名称</td><td colspan="6">方达仓储配送中心</td></tr>
<tr><td>订单来源</td><td colspan="6">电子邮件</td></tr>
<tr><td>加工类型</td><td colspan="6">组装</td></tr>
<tr><td>下达时间</td><td colspan="6">2018 年 5 月 3 日</td></tr>
</table></td><td>信息员根据出库货物的信息进入出库系统制作配送加工单</td></tr>
</table>

续表

序号	操作图示	操作说明
3	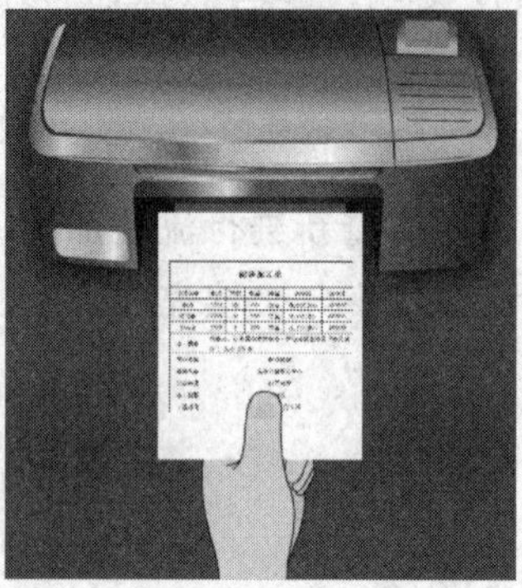	信息员打印配送加工单

二、货物拣选

各组按照货物拣选的操作步骤（见表 3—15）分别进行货物的拣选作业。教师对学生操作的规范性和准确性进行指导。

表 3—15　　货物拣选的操作步骤

序号	操作图示	操作说明
1		信息员将配送加工单交给保管员，进行货物的拣取
2		保管员仔细阅读配送加工单，选择适合的拣取方式进行货物的拣取

续表

序号	操作图示	操作说明
3	  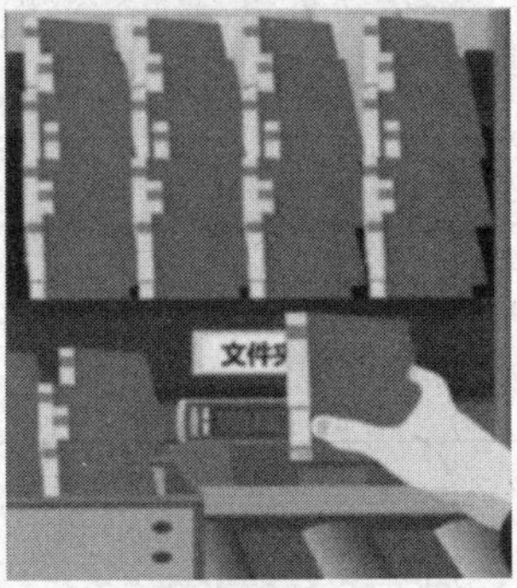	保管员根据电子标签显示内容分别对货物进行拣取，拣取出来的货物放在相应的周转箱内。拣取完毕，保管员按灭电子标签上的指示按钮，对拣取好的货物分别进行复查
4		复查完毕，保管员将货物搬运至流通加工区，交给加工作业员进行货物的流通加工操作

每种货物拣取完毕后都要做好复查工作，避免事后补货作业，降低作业效率。

三、加工作业

各组加工作业员按照加工作业的操作步骤（见表3—16）分别进行加工作业。教师对学生操作的规范性和准确性进行指导。

表3—16　　　　加工作业的操作步骤

序号	操作图示	操作说明
1		加工作业员按照“办公助手”的货物组成，对各周转箱内的货物进行拣取
2		加工作业员选择合适的包装材料，将拣取出来的货物放到所选包装中
3		加工作业员做好包装防护工作
4		组装完成后，加工作业员进行打包封箱工作

续表

序号	操作图示	操作说明
5		加工作业员重复步骤1～4，将所有的货物组装成套之后装在运输包装箱中
6		加工作业员对运输包装箱进行封箱打包操作

选择包装箱时要最大限度利用其容积，货物组装摆放时要有序美观。

四、货物搬运

各组搬运人员按照搬运作业的操作步骤（见表3—17）对完成加工作业的货物进行搬运。教师对学生操作的规范性和准确性进行指导。

表3—17　　　　搬运作业的操作步骤

序号	操作图示	操作说明
1		搬运人员将组装完毕的货物整齐地堆码在托盘上

续表

序号	操作图示	操作说明
2		搬运人员用手动液压搬运车将堆码整齐的整托盘货物运至出货暂存区（即图中的发货区），打扫工作现场，将设备归位

任务四　包装作业

任务引入

2018 年 3 月 18 日，某物流公司上海配送中心根据客户的需求进行了分拣作业。完成货物的分拣后，配送中心接到客户通知，需要对分拣完毕的货物进行包装作业。请分别利用手动和半自动打包工具设备完成货物的封箱作业，对包装物进行十字打包并粘贴标签。

任务分析

要完成上述包装作业任务，首先要明确包装的含义，其次要熟悉包装材料和包装技术，最后需要掌握手动打包器械和半自动捆扎机的操作方法以及标签的粘贴方法。

相关知识

一、包装的概念

包装是指为了在流通过程中保护货物、方便运输、促进销售，按一定技术方法采用容器、材料和辅助物的操作活动。

二、常用的包装材料

包装材料的选用是否恰当对配送作业能否顺利完成具有重要的影响。包装材料必须安全、保护性好、易操作、体轻、节约、经济、环保、美观。常用的包装材料见表 3—18。

表 3—18　　常用的包装材料

名称	图片	说明
纸质包装		以纸和纸板为主要原料，主要有纸盒、纸板箱、纸筒等，常用于包装食品、药品、纺织品、五金制品、电子产品、电器等商品 优点是轻便、简单、卫生、价格便宜，缺点是怕雨淋、怕撞击、怕震动、怕重压等
木质包装		以木材、木制品、人造板为材料，主要有木箱、木盒、木桶、纤维板箱、胶合板箱等，适用于包装大型设备、电器、自行车、摩托车等商品 优点是牢固、耐压，缺点是怕雨淋、怕火烤
塑料包装		以聚丙烯、聚乙烯、聚氯乙烯、聚酯等塑料为材料，主要有塑料盒、塑料箱、塑料袋、塑料桶等，适用于包装日用消费品、食品、药品、纺织品、小五金制品等商品 优点是轻巧、方便、防潮，缺点是容易老化、难以降解、污染环境
金属制品包装		以铁皮、马口铁、钢材、铝箔、铝合金等为材料，主要有金属盒、金属瓶、金属桶等，适用于包装气体、液体以及粉状、糊状商品 优点是耐压、密封性好、易长期储存、易回收再利用，缺点是成本高、能耗大
其他材料包装		主要有草质包装材料、棉质包装材料、纤维包装材料、竹质包装材料、陶瓷与玻璃包装材料和复合包装材料等

三、常用的包装器械

包装作业中经常用到辅助包装器械，常用包装器械见表 3—19。

表 3—19　　常用包装器械

名称	图片	说明
手动胶带切割器		用于胶带打包封箱，常用 5～7 cm 宽度胶带进行打包作业
手动打包收紧器		用于手动打包作业中收紧打包带
手动打包咬扣器		用于手动打包收紧操作完成后咬紧打包扣，完成捆扎作业
半自动捆扎机		在插入包装带后能自动完成聚带、热合、切断、出带的捆扎过程，且能自动停机
封口机	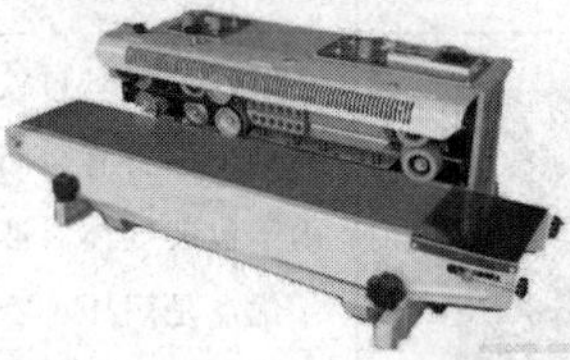	在包装容器盛装物品后，可对容器进行封口。按照包装材料的力学性能不同，可以分为柔性容器封口机和全自动填充封口机两种
缠绕机	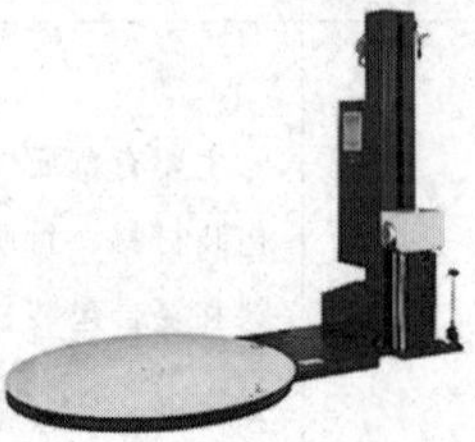	为适应货物集装化储存、运输及机械化装卸作业中的包装要求，将被缠绕物放置于转盘中央，启动转盘电动机，自然地带动转盘转动，实现对货物的外围缠绕

续表

名称	图片	说明
贴标机	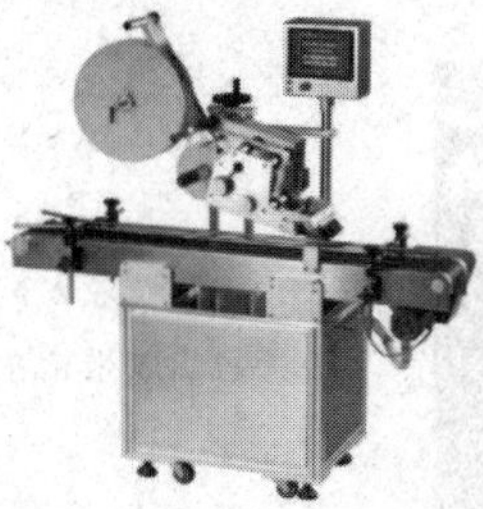	将成卷的不干胶纸标签（纸质或金属箔质）粘贴在产品或规定包装上

任务实施

一、货物装箱操作

学生以小组为单位，做好装箱前准备。各组学生按照装箱操作步骤（见表3—20），依次进行操作。教师对学生操作的规范性和准确性进行指导。

表3—20　　装箱操作步骤

序号	操作图示	操作说明
1	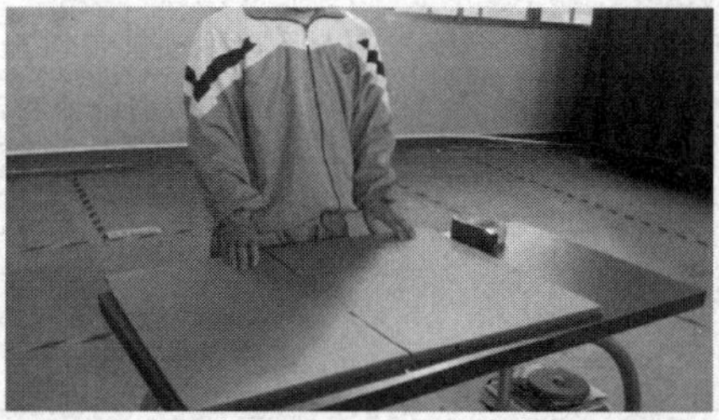	包装作业人员选择合适的包装材料，将纸板箱放到操作台
2	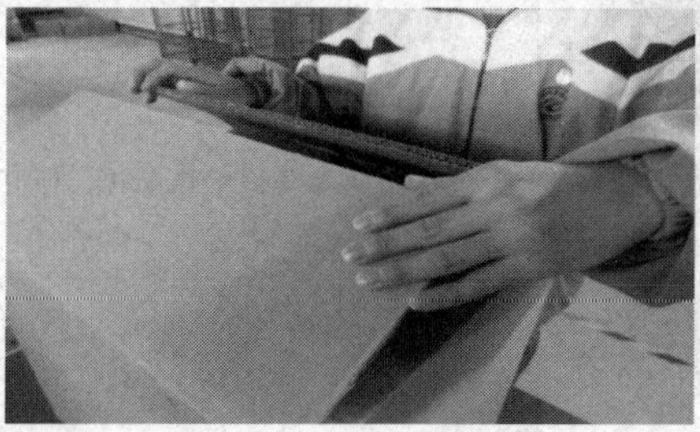	包装作业人员根据包装标识，将纸箱上层朝下放稳，底面两边朝里翻折

续表

序号	操作图示	操作说明
3	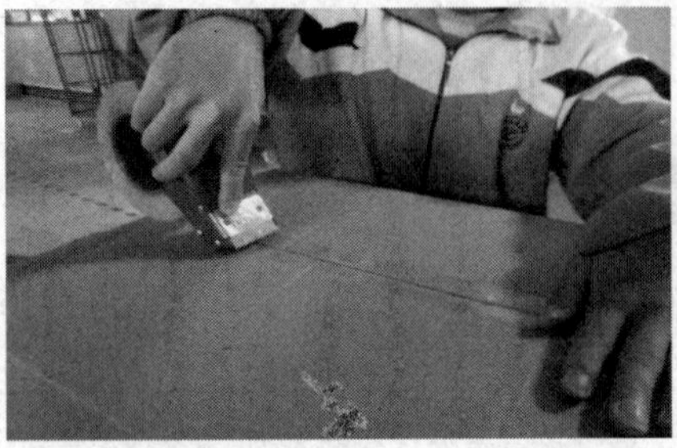	包装作业人员右手握紧手动胶带切割器，左手拉出胶带粘在纸箱中间接缝处并用手按住
4	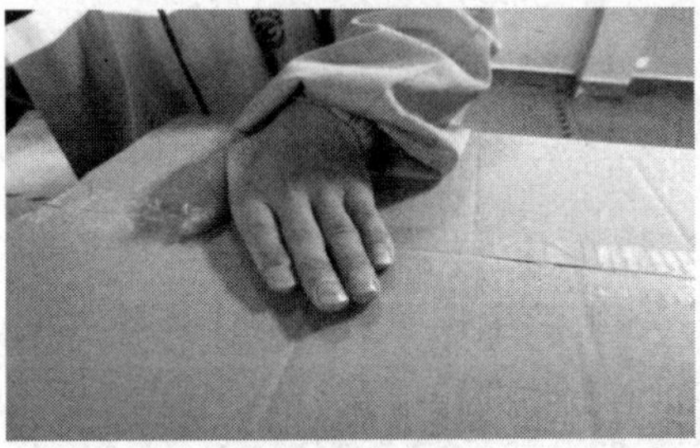	包装作业人员右手往侧面拉手动胶带切割器，使胶带粘于纸箱侧面。左手沿着胶带顺势一捋，使胶带牢固粘于纸箱上
5	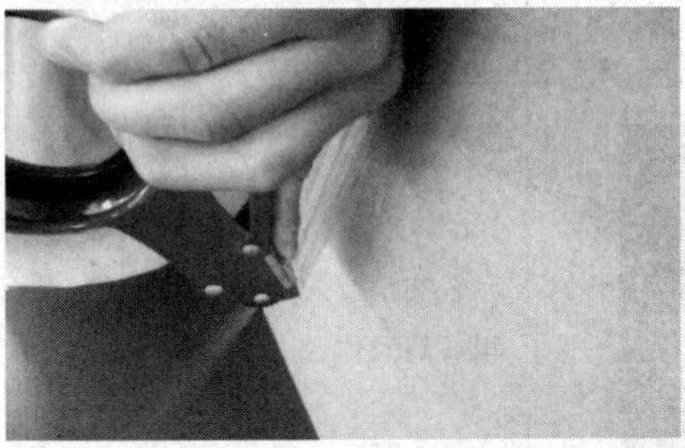	包装作业人员用手动胶带切割器将胶带切断，尽可能保持纸箱两端所粘胶带长度一致，以求封合美观
6		包装作业人员将纸箱翻转，使开口面朝上

续表

序号	操作图示	操作说明
7		包装作业人员将货物放入纸箱中
8		包装作业人员按照步骤 2～5，依次将剩下的纸板进行封箱
9		包装作业人员将手动胶带切割器等设备归位

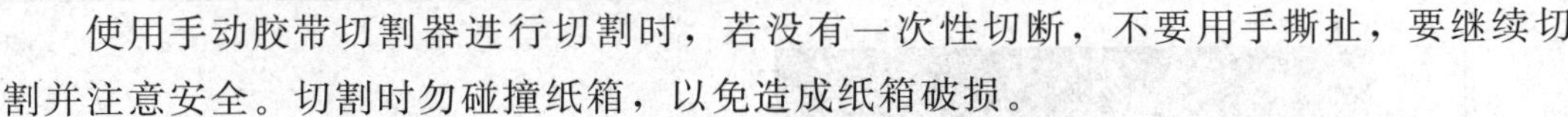

使用手动胶带切割器进行切割时，若没有一次性切断，不要用手撕扯，要继续切割并注意安全。切割时勿碰撞纸箱，以免造成纸箱破损。

二、进行打包操作

1. 手动打包操作

各小组在完成装箱操作后，开始进行手动打包作业。学生以小组为单位，按照手

动打包操作步骤（见表 3—21）依次进行操作。教师对学生操作的规范性和准确性进行指导。

表 3—21　　手动打包操作步骤

序号	操作图示	操作说明
1	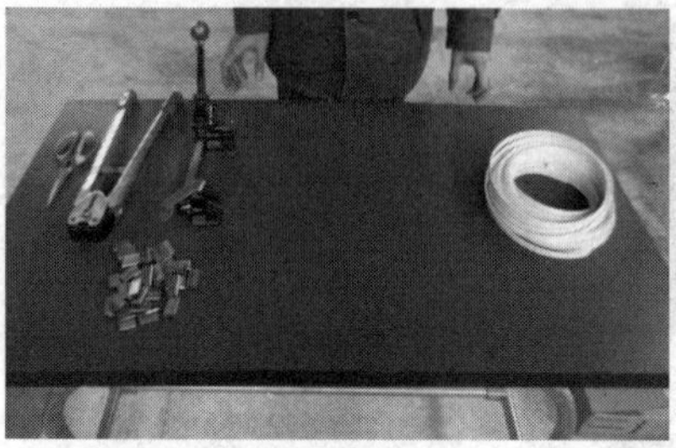	包装作业人员整理操作台，保持操作台整洁，并把工具放置在方便拿取的特定位置，保证整个作业活动的有序开展
2	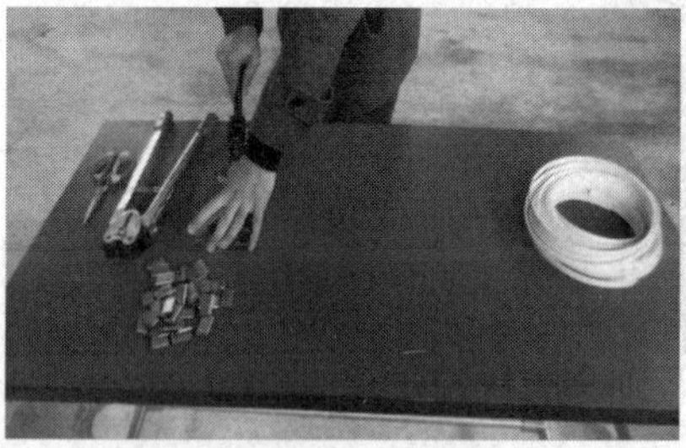	包装作业人员左手固定住手动打包收紧器前端，右手将手动打包收紧器的手柄下压，并将手动打包收紧器的后座拉至后端
3		包装作业人员将需要打包的货物移至操作台正中，封口处与操作人员平行
4	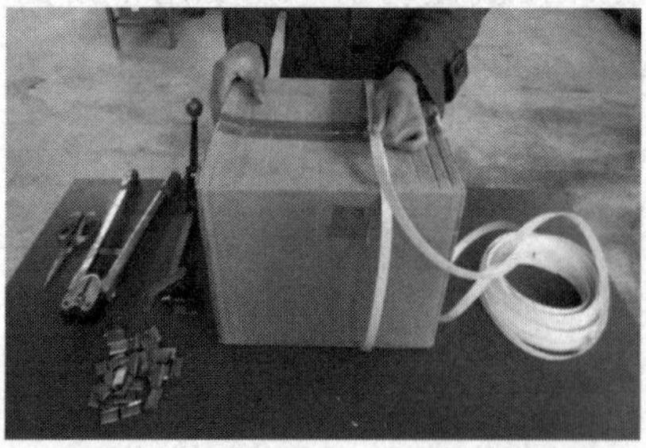	包装作业人员取打包带，将其环绕纸箱一周（如果放置一条打包带，应将打包带置于箱子中间处；如果放置两条打包带，则应将打包带放置于箱子三分之一处），调整打包带松紧度，用左手按住接口处

续表

序号	操作图示	操作说明
5		包装作业人员右手取一边的手动打包收紧器，将其平放于纸箱上，与打包带平行。按下手动打包收紧器前压脚，将打包带放入前压脚下固定。注意保留 8 cm 左右长的打包带以备打扣
6		包装作业人员按下手柄，将打包带放置于后压脚下固定
7	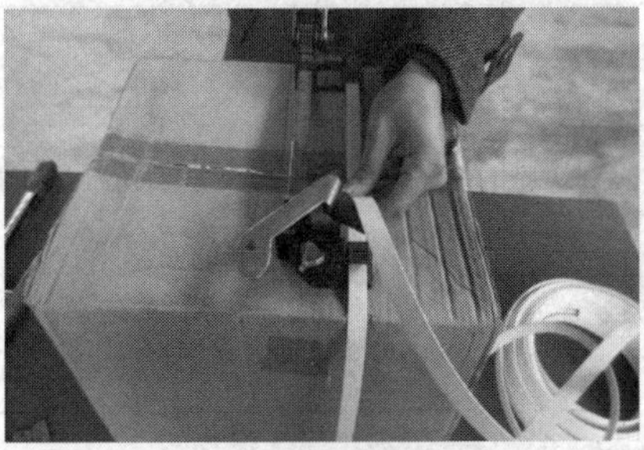	保持打包带与货箱另一侧边缘平行
8		包装作业人员迅速推进手柄至明显感到打包带把纸箱卡紧
9	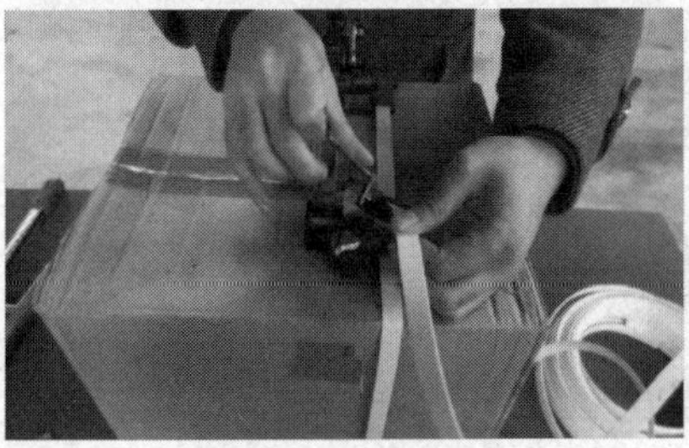	包装作业人员摇动手柄将打包带扣紧后，将前压脚处多余的打包带放入前座刀口处切断

续表

序号	操作图示	操作说明
10		包装作业人员取打包扣，将打包带两头套入打包扣内（注意正反面），打包扣应放置于打包带接口处。注意打包带各边应露出钢扣
11		包装作业人员取手动打包咬扣器，将其手柄打开，钳口处夹紧打包扣
12		包装作业人员夹紧手动打包咬扣器，使打包扣的表面呈凹凸状即可
13		包装作业人员按下前压脚，松开前压脚下的打包带
14	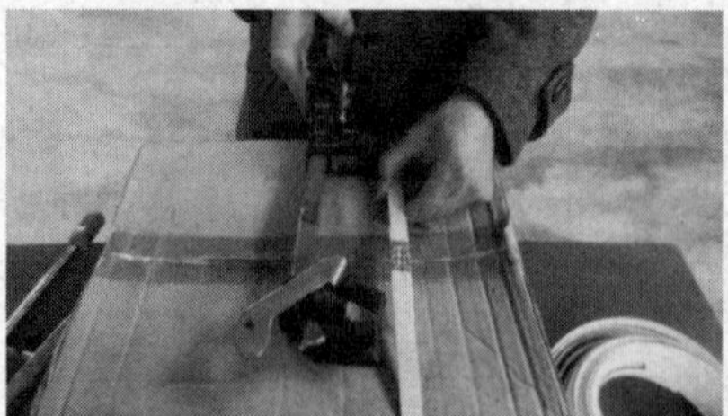	包装作业人员按下手柄，松开后压脚，取出后压脚下的打包带

续表

序号	操作图示	操作说明
15		打包作业完成，打包带完全脱离手动打包收紧器
16		包装作业人员重复步骤 4～15，完成另一侧打包。打包完毕后，将相关设备归位

打包作业开始前，要检查手动打包收紧器、手动打包咬扣器等工具有无异常。打包操作时，注意力要集中，打包带要调节适当。打包带取用要牢记节约原则，杜绝浪费。

2. 半自动打包操作

各小组在完成装箱操作后，开始进行半自动打包作业。学生以小组为单位，按照半自动打包操作步骤（见表 3—22）依次进行操作，教师对学生操作的规范性和准确性进行指导。

表 3—22　　　　半自动打包操作步骤

序号	操作图示	操作说明
1		包装作业人员取包件，放置于半自动捆扎机工作台正中间，使货物封口处与加热口垂直

续表

序号	操作图示	操作说明
2		包装作业人员左手取打包带，如果长度不够，按绿色进带按钮增加长度
3		当长度足够时，包装作业人员摆正打包带并置于箱体中间，左手轻压打包带防止打包带移动，右手将打包带一端弯曲伸入加热口
4		打包完成后，包装作业人员将打包带摆正、放平，箱体迅速旋转 90°，放于捆扎机正中位置
5		包装作业人员重复步骤 1～4，进行下一条打包带的打包操作
6	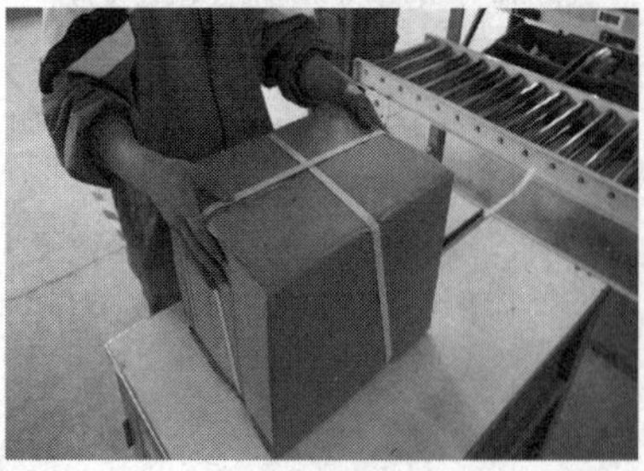	包装作业人员完成“田”字形打包

续表

序号	操作图示	操作说明
7		包装作业人员关闭电源，将相关设备归位

打包操作开始前，要注意检查打包带是否装好，输带滚轮表面有无油污。操作时，要轻拿轻放货物，勿将头、手穿过打包带的跑道，以免造成意外伤害。操作完毕后，切记关闭半自动捆扎机，拔掉电源插头。牢记节约原则，避免任何浪费。

思考练习题

1. 简述摘果式分拣作业的概念和流程。
2. 简述播种式分拣作业的概念和流程。
3. 常用的分拣设备有哪些？
4. 补货作业的方式有哪几种？
5. 绘制零散补货作业流程图。
6. 绘制整箱补货作业流程图。
7. 什么是流通加工？
8. 流通加工作业的作用有哪些？
9. 简述流通加工的基本流程。
10. 常用的包装材料有哪些？
11. 常用的包装器械有哪些？
12. 简述手动打包作业的操作流程。
13. 简述半自动打包作业的操作流程。

项目四　调度作业

任务一　车辆调度

任务引入

2018 年 2 月 20 日，某配送中心接到客户发来的信息。信息表明，2018 年 2 月 27 日早上 8 点将有一批货物需要卸载并派送，具体到货信息见表 4—1。

表 4—1　　到货通知单

始发站：北京			目的站：北京		
收货信息	收货人	客户 E	客户 F	客户 G	客户 H
	是否送货	是	是	是	是
	收货地址	北京市西城区烟嘴胡同××号	北京市西城区宣武门外大街××号	北京市东城区工体西路××号	北京市西城区金融街××号
	联系人	赵××	李××	许××	张××
	联系方式	1356273××××	010－8836××××	010－6657××××	1336284××××
	收货时间	2018 年 2 月 28 日 8：00—12：00	2018 年 2 月 28 日 8：00—12：00	2018 年 2 月 28 日 8：00—14：00	2018 年 2 月 28 日 8：00—18：00
托运信息	托运人	北京乐华箱包贸易公司	北京富通科技有限公司	零味道商贸有限公司	佳美商贸有限公司
	联系人	林××	冯××	孟××	李××
	联系方式	010－5908××××	1360109××××	010－8725××××	1390087××××

续表

货物名称	相机包	蓝牙耳机	蜜饯礼盒	面包机
包装规格（m）	0.345×0.345×0.24	0.285×0.38×0.27	0.32×0.48×0.20	0.32×0.48×0.22
单位	箱	箱	箱	箱
体积（m^3）	0.057	0.117	0.092	0.843
重量（kg）	15	20	12	105
数量	2	4	3	21
运单号	3000021021013	3000021060013	3000022001310	3000031079201

2018 年 12 月 1 日，该配送中心客服员接收到 1 张以传真形式发送过来的运输任务通知单，具体信息见表 4—2。配送中心需按要求前往客户处取货，以完成后续发货配送任务。

表 4—2　　运输任务通知单

作业单号：LS00000000146

<table>
<tr><td colspan="7">托运客户：客户 J</td></tr>
<tr><td colspan="3">始发站：北京</td><td colspan="4">目的站：成都</td></tr>
<tr><td colspan="7">托运人：赵××</td></tr>
<tr><td colspan="7">取货地址：北京市海淀区大钟寺东路××号</td></tr>
<tr><td colspan="3">联系方式：010-5334××××</td><td colspan="4">取货时间：2018 年 12 月 3 日 9：00—12：00</td></tr>
<tr><td colspan="7">收货单位（联系人）：成都××购物中心（李××）</td></tr>
<tr><td colspan="7">收货地址：成都市荆川东路××号</td></tr>
<tr><td colspan="3">联系方式：1370980××××</td><td colspan="4">收货时间：2018 年 12 月 8 日 12：00—18：00</td></tr>
<tr><td>货品名称</td><td>单位</td><td>包装规格（m）</td><td>体积（m³）</td><td>重量（kg）</td><td>数量</td><td>备注</td></tr>
<tr><td>小浣熊饼干</td><td>箱</td><td>0.38×0.285×0.27</td><td>0.117</td><td>16</td><td>4</td><td>不可重压</td></tr>
</table>

该配送中心现有 2 辆厢式货车可用于取派作业。如果你是该配送中心工作人员，你如何调度车辆完成上述取派任务？

任务分析

要完成上述车辆调度任务，首先要了解车辆调度的概念、调度员的岗位要求，其次要熟悉车辆调度的原则和基本操作流程，明确车辆调度操作的注意事项。

相关知识

一、车辆调度的概念

车辆调度是指制定行车路线，使车辆在满足一定约束条件的前提下，有序通过一系列装货点和卸货点，以达到路程最短、费用最省、耗时最少等目的的作业活动。

二、调度员的岗位要求

调度员要根据运输任务和运输计划，编制车辆运行作业计划，并通过作业计划组织企业内部的各个生产环节，使其形成一个有机的整体，进行有计划的生产，最大限度地发挥运输潜力。

调度员要掌握货物流量、流向、季节性变化，全面细致地安排运输，针对运输工作中存在的主要问题向有关部门提出要求，采取措施保证运输计划的实现。

调度员要加强现场管理和运行车辆的调度指挥，根据调运情况，合理组织运输，不断研究和改进运输调度工作，以最少的人力、物力完成最多的运输任务。

调度员要认真贯彻车辆保养制度，保证运行车辆能按时调回进行保养，严禁超载，保持车辆技术状况良好。

三、车辆调度的原则

1. 合适原则

（1）合适的车型

调度人员根据货物的规格计算出各个区域所需配送货物的重量、体积，以及货物的性质和包装等，据此确定车型和车辆数量。

（2）合适的车辆来源

若有固定车源，可直接安排好时间、装车地点等；若没有固定车源，则需要通过其他途径寻找车源。

2. 邻近区域调度原则

如图 4—1 所示，假如当日 A2 区货物配送需要调整，则安排 A1 或 A3 区域送货车辆协助装运，或者由 B2 区域送货车辆顺路代送。

3. 最小成本原则

配送成本的大小顺序是：由较近区域配送车辆代送的成本＜由较远区域配送车辆代送的成本＜安排车辆专送成本。

图 4—1 中，A2 区域货物过少，可以由 A3 区域和 B2 区域配送车辆代送，则最小成本的调度方法是选择 B2 区域配送车辆代送，其次是选择 A3 区域配送车辆代送，成本最高的是安排一辆货运车单独送货。

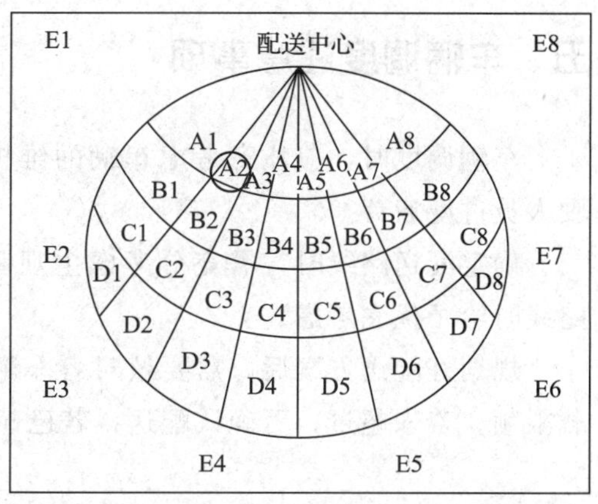

图 4—1　邻近区域调度原则

4. 充分利用车辆容积原则

为节约成本，充分发挥运力，应尽量充分利用车辆容积装载货物，但配送货物的体积和重量不得超过配送车辆的最大容积和可承载的最大重量。

四、车辆调度的基本流程

1. 确定车型

调度员在接到汇总的运输计划后，根据货物的重量、体积、性质、包装、运输路线等因素确定所需车型和数量。

2. 确定车辆

调度员确定所需车型和数量后，即可开始确定车辆。如果有固定车源即可直接安排时间、装车地点等；如果没有固定的车源，则需要通过其他方式寻找车源。

3. 填写派车单

车辆确定后，调度员需要把派车单发送给车队负责人，要求车队负责人填写相关内容并签字盖章后再发送回来。

4. 反馈调车信息

调度员在预定好车辆之后，应及时把调车信息反馈到系统平台，即及时告知公司网点（提货地址）的相关负责人。

五、车辆调度注意事项

车辆调度时，应注意考虑车辆的维护保养需求，应考虑总行驶里程，注意防止驾驶人员过度疲劳。

确定配送路线时，需充分考虑主观和客观因素，对有特殊需求的客户，规划配送路线时给予优先考虑。

规划好配送方案后，需要核对各车辆所装货物的重量和体积等是否超过该车的承载限额。若未超过，可确认配送；若已超出，则需重新规划配送方案。

任务实施

一、派货调度

根据到货通知单（见表 4—1）的信息，调度员针对干线到达的货物执行派货任务。调度员要在运输管理系统中根据待取运单和待派运单的货物属性，以及取货和派送的地点、时间要求等信息，结合当前取派车辆情况，制订取派作业调度计划，完成派货调度任务。

1. 调度员登录运输系统，进入运输业务系统菜单，单击“取/派调度”，如图 4—2 所示。

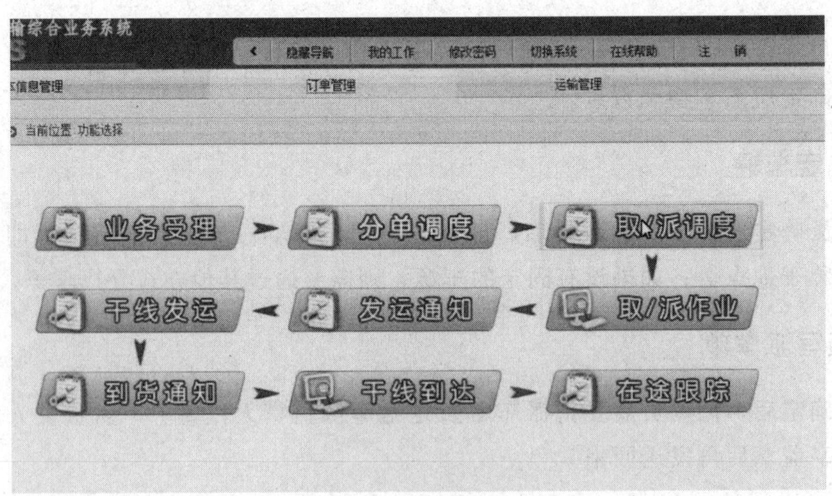

图 4—2 运输业务系统菜单

2. 单击“新增取（派）通知单”，根据待派货物属性、时间要求等信息，结合现有车辆的最大载重量和货厢大小，选择并填写预计发车时间、运力编号、车牌号、司机等信息，填写完整后单击“保存”，如图 4—3 所示。

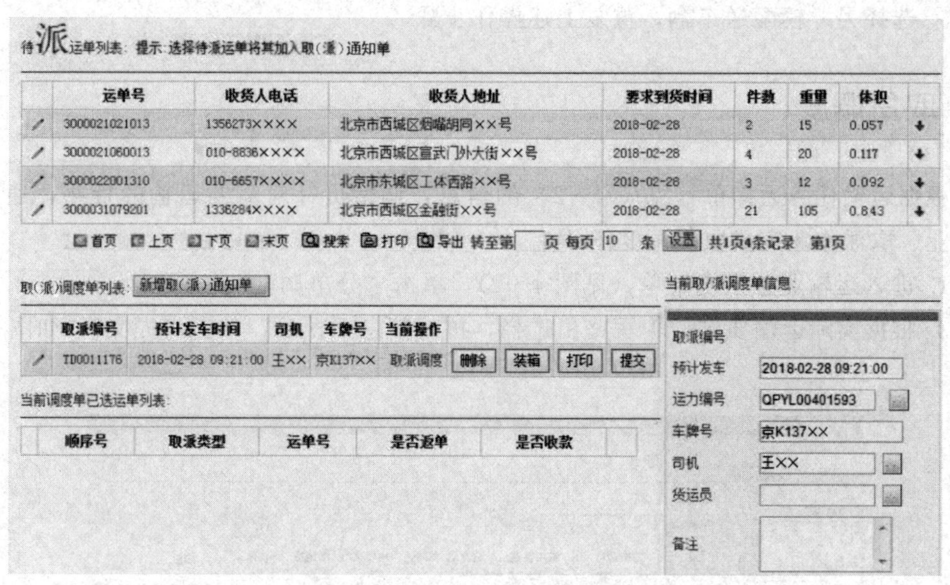

待派运单列表：提示：选择待派运单将其加入取（派）通知单

	运单号	收货人电话	收货人地址	要求到货时间	件数	重量	体积	
✎	3000021021013	1356273××××	北京市西城区烟嘴胡同××号	2018-02-28	2	15	0.057	↓
✎	3000021060013	010-8836××××	北京市西城区宣武门外大街××号	2018-02-28	4	20	0.117	↓
✎	3000022001310	010-6657××××	北京市东城区工体西路××号	2018-02-28	3	12	0.092	↓
✎	3000031079201	1336284××××	北京市西城区金融街××号	2018-02-28	21	105	0.843	↓

首页 上页 下页 末页 搜索 打印 导出 转至第 页 每页 10 条 设置 共1页4条记录 第1页

取（派）调度单列表： 新增取（派）通知单

	取派编号	预计发车时间	司机	车牌号	当前操作				
✎	TD0011176	2018-02-28 09:21:00	王××	京K137××	取派调度	删除	装箱	打印	提交

当前调度单已选运单列表：

	顺序号	取派类型	运单号	是否返单	是否收款

当前取/派调度单信息：

取派编号

预计发车 2018-02-28 09:21:00

运力编号 QPYL00401593

车牌号 京K137××

司机 王××

货运员

备注

图 4—3　新增取（派）通知单

3. 执行上一步操作后，便可在“取（派）调度单列表”中看到相关信息，选择“待派运单列表”中的运单，生成“当前取（派）通知单已选运单列表”，如图 4—4 所示。注意根据收货地址选择好派货的先后顺序。

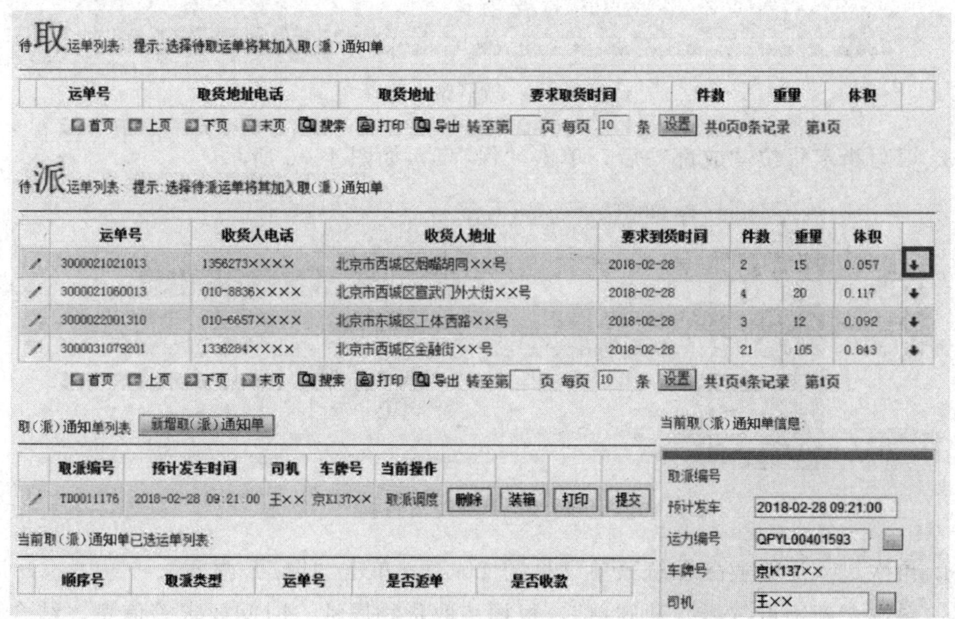

待取运单列表：提示：选择待取运单将其加入取（派）通知单

	运单号	取货地址电话	取货地址	要求取货时间	件数	重量	体积	

首页 上页 下页 末页 搜索 打印 导出 转至第 页 每页 10 条 设置 共0页0条记录 第1页

待派运单列表：提示：选择待派运单将其加入取（派）通知单

	运单号	收货人电话	收货人地址	要求到货时间	件数	重量	体积	
✎	3000021021013	1356273××××	北京市西城区烟嘴胡同××号	2018-02-28	2	15	0.057	↓
✎	3000021060013	010-8836××××	北京市西城区宣武门外大街××号	2018-02-28	4	20	0.117	↓
✎	3000022001310	010-6657××××	北京市东城区工体西路××号	2018-02-28	3	12	0.092	↓
✎	3000031079201	1336284××××	北京市西城区金融街××号	2018-02-28	21	105	0.843	↓

首页 上页 下页 末页 搜索 打印 导出 转至第 页 每页 10 条 设置 共1页4条记录 第1页

取（派）通知单列表 新增取（派）通知单

	取派编号	预计发车时间	司机	车牌号	当前操作				
✎	TD0011176	2018-02-28 09:21:00	王××	京K137××	取派调度	删除	装箱	打印	提交

当前取（派）通知单已选运单列表：

	顺序号	取派类型	运单号	是否返单	是否收款

当前取（派）通知单信息：

取派编号

预计发车 2018-02-28 09:21:00

运力编号 QPYL00401593

车牌号 京K137××

司机 王××

图 4—4　生成“当前取（派）通知单已选运单列表”

4. 单击“提交”，然后打印生成的取（派）通知单。

5. 选择另一辆配送车辆，重复上述操作步骤。

二、取货调度

根据运输任务通知单（见表 4—2）的信息，调度员针对需要运输的货物，通过分单作业、取派作业完成取货调度任务。

1. 进入运输业务系统菜单（见图 4—2），单击“分单调度”。

2. 根据实际运输要求，填写路由选择，核对信息无误后，单击“提交”，如图 4—5 所示。

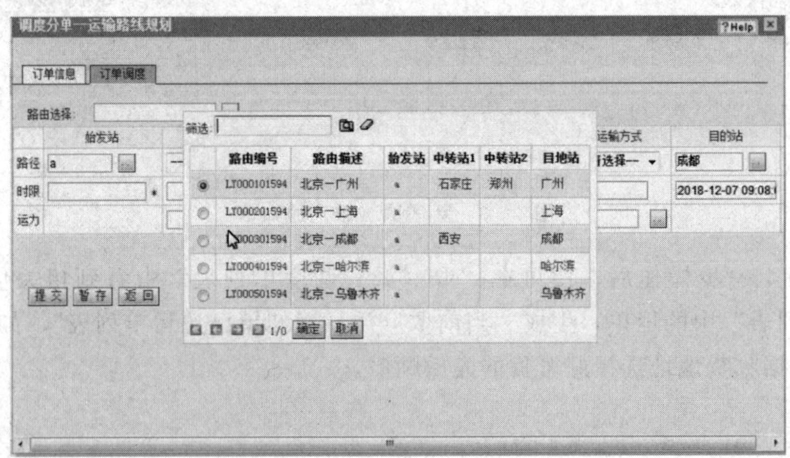

图 4—5 填写路由选择

3. 填写指定货位“成都”后，单击“保存”，如图 4—6 所示。

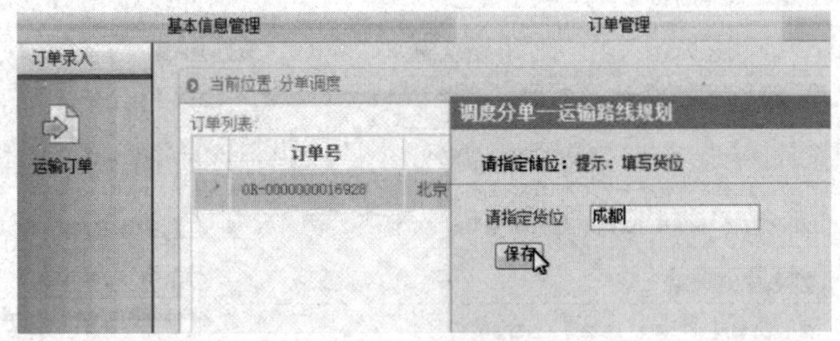

图 4—6 填写指定货位

4. 再次进入运输业务系统菜单（见图 4—2），单击“取/派调度”。

5. 单击“新增取（派）通知单”，根据待取货物属性、时间要求等信息，结合现有车辆的最大载重量和货厢大小，选择并填写预计发车时间、运力编号、车牌号、司机等信息，填写完整后单击“保存”，如图 4—7 所示。

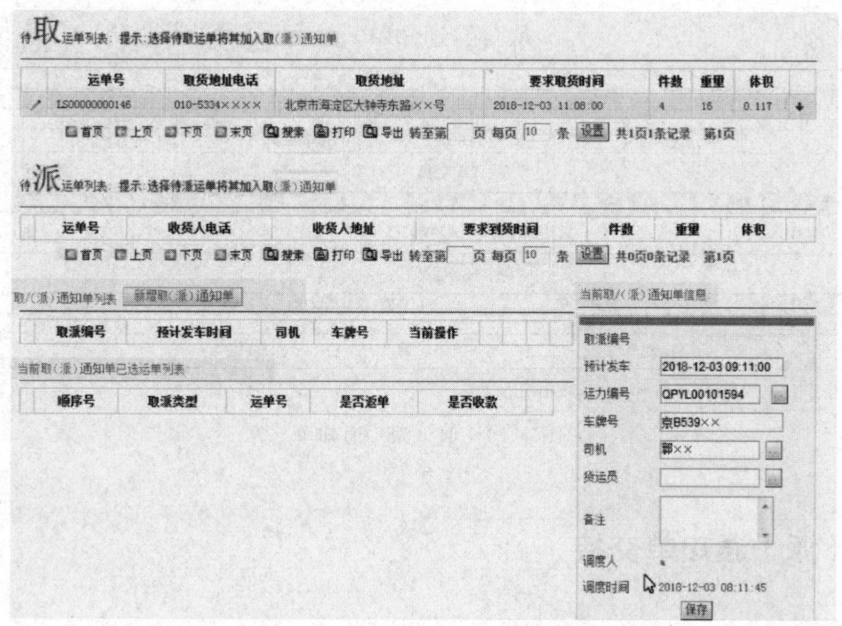

图 4—7　新增取（派）通知单

6. 执行上一步操作后，便可在“取（派）通知单列表”中看到相关信息，选择“待取运单列表”中的运单，生成“当前取（派）通知单已选运单列表”，如图 4—8 所示。注意要根据收货地址选择好派货的先后顺序。

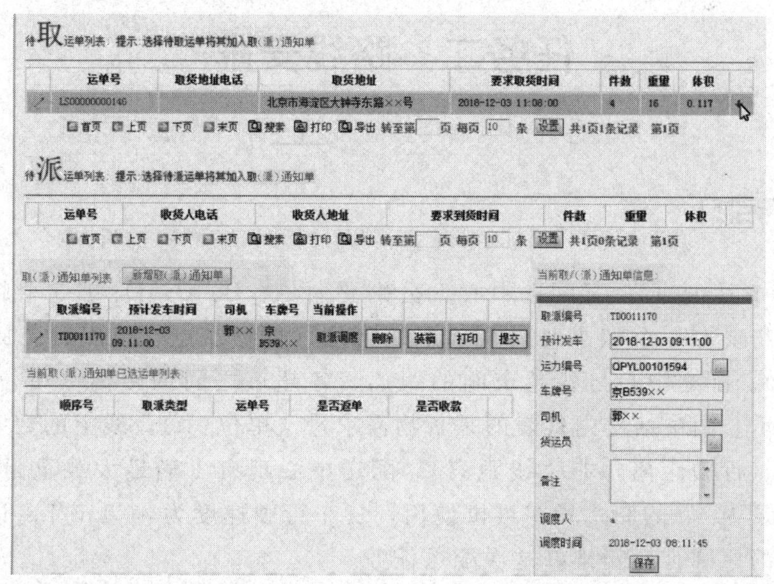

图 4—8　生成“当前取（派）通知单已选运单列表”

7. 单击“提交”，然后打印取（派）通知单，如图 4—9 所示。

取(派)通知单

单号	TD0011170		操作站	a
资源	车辆	京B539××	车型	东风
	司机	郭××	预计发车时间	2018-12-03 09:11:00

总数量	4.0件	总重量	16.0kg	总体积	0.1m³

客户信息

订单/运单号	顺序号	客户	地址	电话	姓名	类型	返单	收款
LS00000000146	1	J	北京市海淀区大钟寺东路××号	010-5334××××	赵××	在取	否	否

货品信息

订单/运单号	货品名称	件数(件)	重量(kg)	体积(m³)	备注
LS00000000146	小浣熊饼干	4	16	0.117	最高码放两层
制单人:	制单时间	年	月	日	司机签字:

打印

图 4—9 取（派）通知单

三、取（派）通知单交接

调度员将取（派）通知单打印后，签字确认，然后交给配货员准备进行取派作业。

1. 调度员在取（派）通知单的制单人栏填写自己的姓名、日期等信息。
2. 调度员将取（派）通知单的第一联留底，将其余两联交给配货员。
3. 配货员将取（派）通知单第三联交给取派员。

任务二 路线安排

任务引入

2018 年 8 月 19 日，某配送中心 P 分别要向 A、B、C、D、E 5 个超市配送货物，所有货物要在一个半小时内全部配送到位（货物盘点、出库、装卸等时间暂且不予考虑）。配送中心与各超市间的距离、各超市之间的距离（单位：km）如图 4—10 所示。图中括号内代表的是货物需求量（单位：t），线上的数字表示两节点间的距离（行驶距离，非直线距离）。配送中心现有 1 辆最大载重量为 2 t 和 2 辆最大载重量为 4 t 的厢式货车可供使用，货车行驶速度为 40 km/h。请按照配送路线最优化的原则合理安排好这次配送任务。

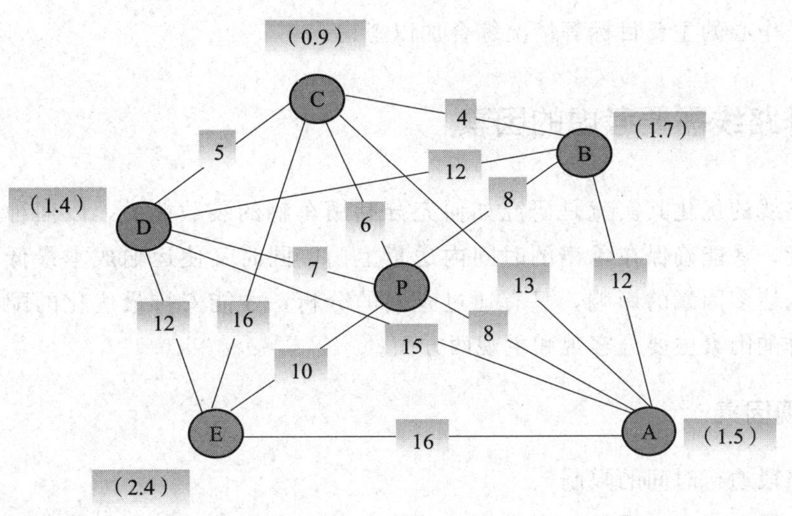

图 4—10　配送中心与各超市间距

任务分析

要完成上述任务，需要合理规划配送路线，使送货的行程最短、耗费最省，并能将货物按时送达相应的超市。

相关知识

一、路线安排概述

路线即配送路线，是指各送货车辆向客户配送货物时所要经过的路径。配送路线设计就是整合影响配送运输的各种因素，适时适当地根据现有的运输工具和道路状况，及时、安全、方便、经济地将客户所需的商品准确地送达客户手中。在配送路线安排上，需根据不同客户群的特点和要求，选择不同的路线安排方法，最终达到节省时间、缩短运输距离和降低配送运输成本的目的。采用科学合理的方法来确定配送路线是配送活动中非常重要的一项工作。

二、安排路线的原则

安排路线的原则主要有效益最高、成本最低、路程最短、准时性最高、运力运用最合理、劳动消耗最低等。但是在实践中，这些原则可能无法兼顾，需要根据客户的

需求和配送中心的主要目标等情况综合加以考虑。

三、安排路线需要考虑的因素

配送路线的优化其实就是研究如何充分利用车辆的装载能力，以何种路线、顺序向客户送货，才能确保在承诺的时间内送货上门，同时又使运输成本最低。配送路线的安排受到诸多因素的影响，只有通过全面的分析，才能安排最优化的配送路线。影响路线安排的因素主要分客观和主观两方面。

1. 客观因素

（1）路段通行时间的限制

有些路段在某些时间段内不允许某些类型的配送车辆通行，因此，安排路线时应考虑到各个路段允许通行的时间限制。

（2）车辆装载量的限制

车辆的装载量是指车辆的最大载重量和最大装载容积。车辆运载超重量、超体积、超长度的货物，都属于被禁止的危险行为。

（3）自然因素的限制

自然因素主要包括气象条件和地形条件，尽管现代运输工具越来越先进，受自然因素的影响相对减少，但是自然因素仍是不可忽视的影响因素之一。

（4）其他不可抗力的限制

不可抗力一般分为两种情况：一种是自然灾害，如水灾、旱灾、雪灾、雷电、火灾、暴风雨、地震、海啸等；另一种是由于政治或社会原因引起的社会事件，如政府禁令、罢工、暴动、战争等。

2. 主观因素

（1）收货人对货物的要求

收货人对货物的品种、规格、数量都有一定的具体要求，配送中心应综合考虑如何配装，才能满足客户多样性的需求。

（2）收货人对货物送达时间的要求

配送是从客户订货至交货过程的最后阶段，也是最容易发生时间延误的环节。因此，配送中心为了保证服务质量，在安排路线时必须充分满足客户对货物送达时间的要求。

（3）收货人对地点的要求

收货人对送货地点的要求直接影响到配送路线的选择。

四、安排路线的方法

1. 直送式配送的路线

直送式配送是指由一个供应点对一个客户的专门配送。其基本条件是直送式客户的需求量接近于或大于配送中心可用车辆的最大载重量，配送中心需专门派一辆或多辆车一次或多次送货。因此，直送式配送追求的是多装快跑，选择最短配送路线，以节约时间、费用，提高配送效率。

寻找最短配送路线的步骤如下：

第一步，将货物供应点作为初始节点I点，并取其位势值为“零”，即 $V_i=0$。

第二步，计算与I点直接相连的所有路线节点的位势值。例如，若终止节点为J点，则其位势值可按下式确定：

$$V_j=V_i+L_{ij}$$

式中 L_{ij}——I点与J点之间的距离。

第三步，从所有位势值中选出最小者，此值即为从初始节点到该节点的最短距离。将其标在该节点旁的方框内，并用箭头标出该连线IJ，表示从I点到J点的最短路线。

第四步，重复以上步骤，直到物流网络中所有节点的位势值均达到最小为止。

最终，各节点的位势值表示从初始节点到该点的最短距离。带箭头的各条连线则组成了从初始节点到其余节点的最短路线。分别以各点为初始节点，重复上述步骤，即可得各节点之间的最短距离。

例：在某物流网络图（见图4—11）中，试寻找从供应点A到客户K的最短路线。图中各条线上的数字表示两节点间的距离（行驶距离，非直线距离）。

解：

（1）设A点为初始节点，取 $V_a=0$。

（2）确定与A点直接相连的所有节点的位势值：

$V_b=6$

$V_e=5$

$V_f=11$

$V_h=8$

（3）从所有位势值中选择最小值 $V_e=5$，标注在对应节点E点旁边的方框内，并用箭头标出连线AE。

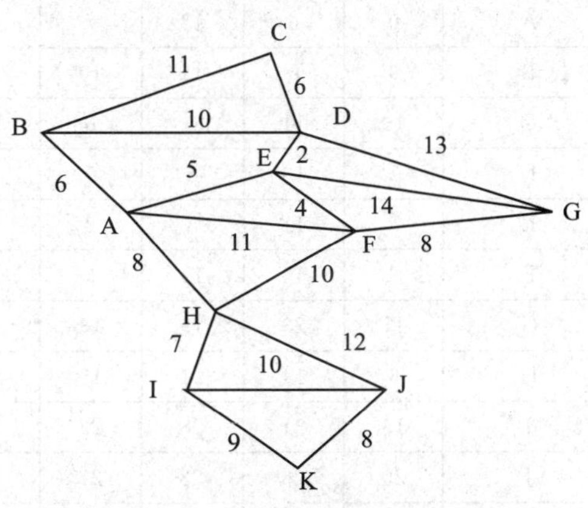

图4—11 某物流网络图

$\min(V_b, V_e, V_f, V_h)=\min(6, 5, 11, 8)=V_e=5$

（4）以E点为初始节点，计算与之直接相连的D、F、G点的位势值（如果同一节点有多个位势值，则只保留最小者）：

$V_d=V_e+L_{ed}=5+2=7$

$V_f=V_e+L_{ef}=5+4=9$

$V_g=V_e+L_{eg}=5+14=19$

（5）从所有剩余位势值中选出最小值$V_b=6$，并标注在对应的节点B旁，同时用箭头标出连线AB。

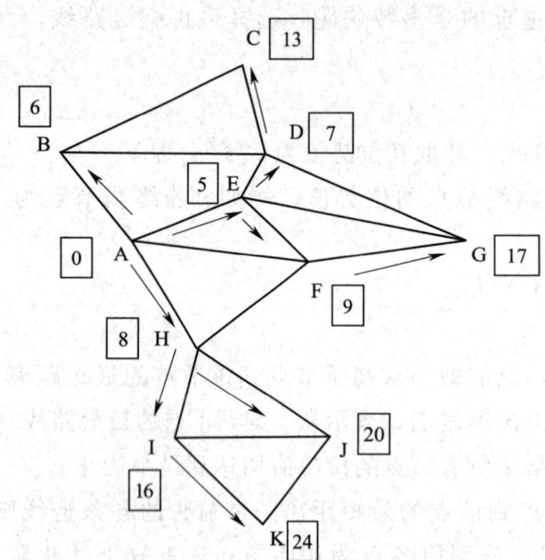

图4—12 最优路线图

（6）以B点为初始节点，与之直接相连的节点还有C、D，它们的位势值分别为17和16。

（7）从所有剩余位势值中取最小位势值$V_d=7$，标注在与之相应的D旁，并用箭头标出其连线ED。

如此继续计算，可得最优路线图（见图4—12），则由供应点A点到客户K点的最短距离为24。

依照上述方法，将物流网络中的每一节点当作初始节点，并使其位势值等于0，然后进行计算，可得所有节点之间的最短距离，见表4—3。

表4—3 **所有节点之间的最短距离**

物流网络节点	A	B	C	D	E	F	G	H	I	J	K
A	0	6	13	7	5	9	17	8	15	20	24
B	6	0	11	10	11	15	23	14	21	26	30
C	13	11	0	6	8	12	19	21	28	33	37
D	7	10	6	0	2	6	13	15	22	27	31
E	5	11	8	2	0	4	12	13	20	25	29
F	9	15	12	6	4	0	8	10	17	22	26
G	17	23	19	13	12	8	0	18	25	30	34
H	8	14	21	15	13	10	18	0	7	12	16
I	15	21	28	22	20	17	25	7	0	10	9
J	20	26	33	27	25	22	30	12	10	0	8
K	24	30	37	31	29	26	34	16	9	8	0

2. 分送式配送的路线

分送式配送是指由一个供应点对多个客户共同配送。其基本条件是同一条路线上所有客户的需求量总和不大于一辆车的最大载重量。送货时，由这一辆车装着所有客户的货物，沿着规划好的最佳路线依次将货物送到客户手中，这样既保证按时按量将货物及时送到，又节约了车辆，节省了费用。

对于分送式配送，可以采用节约里程法确定最佳配送路线。节约里程法先确定配送路线的主要出发点，再根据配送中心的运输能力、配送中心到各个客户之间的距离，以及各个客户之间的距离，制定使总的车辆运输吨公里数最小的配送方案。它需要满足以下条件：满足所有客户的需求；不使任何一辆车超载；每辆车每天的总运行时间或行驶里程不超过规定的上限；满足客户到货时间要求。

设 P 为配送中心，分别向客户 A 和 B 送货。P、A、B 三者不在一条直线上，P 到 A 和 B 的距离分别为 a 和 b，两个客户之间的距离为 c，配送距离为 d。送货方案有两种，即配送中心 P 向客户 A、B 分别送货（方案 1）和配送中心向客户 A、B 同时送货（方案 2），如图 4—13 所示。

方案 1 的配送路线为 P→A→P→B→P，配送距离为 $d_1=2a+2b$；

方案 2 的配送路线为 P→A→B→P，配送距离为 $d_2=a+c+b$。

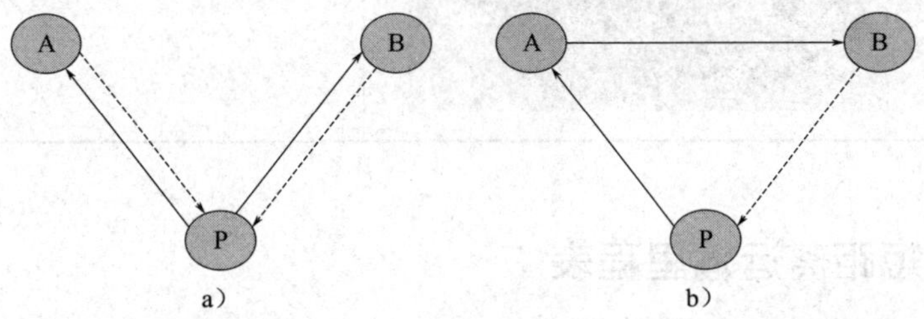

图 4—13　节约里程法示例

a）分别送货　b）同时送货

显然，$d_1>d_2$。设节约里程为 S，则 $S=a+b-c$。因此，如果一个配送中心分别向多个客户配送，在汽车载重能力允许的前提下，每辆汽车的配送路线上经过的客户个数越多，里程节约量越大，配送路线越合理。

任务实施

一、分析路线安排影响因素

对路段通行状况、车辆状况等进行分析（见表 4—4）。

表 4—4　　路线安排

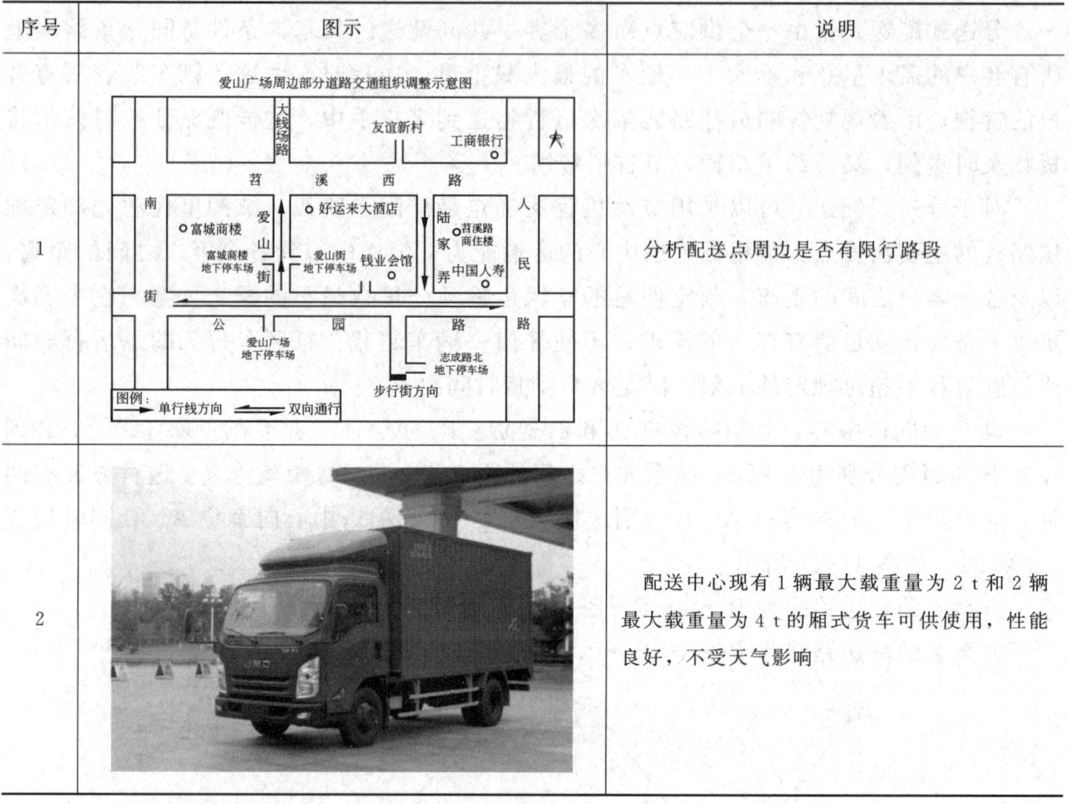

序号	图示	说明
1	（道路示意图）	分析配送点周边是否有限行路段
2	（厢式货车照片）	配送中心现有 1 辆最大载重量为 2 t 和 2 辆最大载重量为 4 t 的厢式货车可供使用，性能良好，不受天气影响

二、填制最短距离运输里程表

根据图 4—10 所示配送中心与各超市间距，填制配送中心到各超市以及各超市之间的最短距离运输里程表，见表 4—5。

表 4—5　　最短距离运输里程表　　km

货物需求量（t）	P					
1.5	8	A				
1.7	8	12	B			
0.9	6	13	4	C		
1.4	7	15	9	5	D	
2.4	10	16	18	16	12	E

三、填制节约里程数表

由最短距离运输里程表，按节约里程法，求得相应的节约里程数，填入节约里程数表的表格括号内，见表 4—6。

表 4—6 **节约里程数表** km

货物需求量（t）	P					
1.5	8	A				
1.7	8	(4) 12	B			
0.9	6	(1) 13	(10) 4	C		
1.4	7	(0) 15	(6) 9	(8) 5	D	
2.4	10	(2) 16	(0) 18	(0) 16	(5) 12	E

四、节约里程排序

将节约里程进行分类，按从大到小顺序排列，见表 4—7。

表 4—7 **节约里程排序** km

序号	路线	节约里程	序号	路线	节约里程
1	BC	10	6	AE	2
2	CD	8	7	AC	1
3	BD	6	8	BE	0
4	DE	5	9	CE	0
5	AB	4	10	AD	0

五、确定单独送货的配送路线

单独送货配送路线如图 4—14 所示。

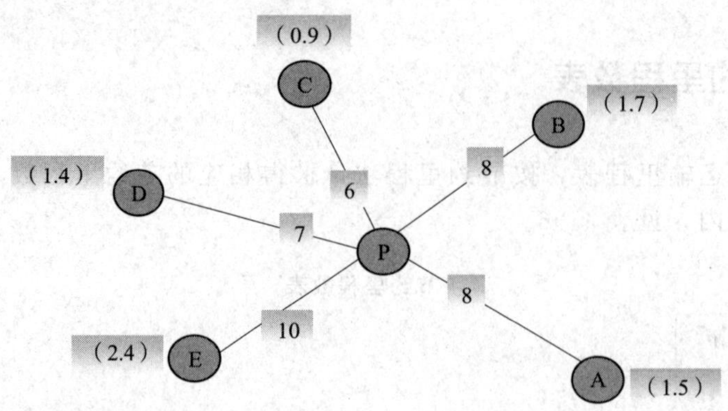

图 4—14 单独送货配送路线

该方案配送距离＝(8＋8＋6＋7＋10)×2＝78(km)。

六、制定优化配送路线

根据车辆最大载重量和节约里程大小，将各客户节点连接起来，形成两条配送路线，即 M、N 两个配送方案，如图 4—15 所示。

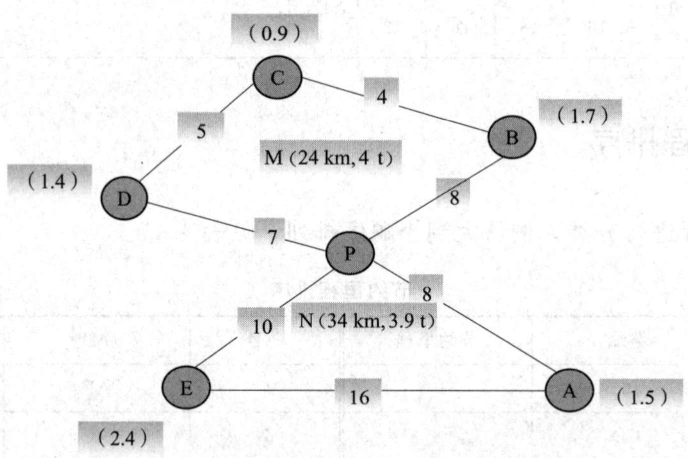

图 4—15 M、N 两个配送方案

1. 配送路线 M

运量＝1.7＋0.9＋1.4＝4(t)。

配送距离 d_{m}＝7＋5＋4＋8＝24(km)。

用一辆最大载重量为 4 t 的车运送，节约里程 S_{m}＝(6＋7＋8)×2－(4＋5＋7＋8)＝18(km)。

2. 配送路线 N

运量＝2.4＋1.5＝3.9(t)。

配送距离 d_n＝10＋8＋16＝34(km)。

用一辆最大载重量为 4 t 的车运送，节约里程 S_n＝10＋8－16＝2(km)。

优化配送路线后共节约里程 20 km。

七、计算时间

单独送货所需时间＝78÷40＝1.95(h)，显然不能按时送达。

优化配送路线后送货所需时间＝(78－20)÷40＝1.45(h)，正好能按时送达。

任务三　在途跟踪

任务引入

2018 年 11 月 9 日，成都某配送中心客服员接到场站的发运信息单（见表 4—8），根据客户要求，需对发运班车进行跟踪监控。11 月 10 日 15：15，发运班车在京港澳高速郑州段发生追尾事故，导致道路十分拥堵，预计班车将延迟到站。请问该客服员应如何做好这项在途跟踪工作？

表 4—8　　发运信息单

发运站点：成都—北京					发运时间：2018 年 11 月 9 日 9：00		
运单号	客户名称	货品名称	收件人	收件地址	收件人联系电话	班车驾驶员	车牌号
91230103856	A 公司	摩托车	张××	北京市东城区什锦花园胡同××号	1375727××××	张××	京 C012××
91230103857	B 公司	空调	刘××	北京市西城区刘家胡同××号	1388827××××	张××	京 C012××
91230103858	C 公司	洗衣机	郭××	北京市东城区流水巷××号	1356824××××	张××	京 C012××

任务分析

要完成上述在途跟踪任务，需要掌握在途跟踪的概念、工作流程和相关信息技术等。

相关知识

一、在途跟踪的概念

在途跟踪可以从狭义和广义两方面来理解。从狭义角度讲，在途跟踪是指对货物在运输途中运输情况的跟踪；从广义角度讲，也可理解为订单追踪，即从订单录入到签收返回的一系列跟踪记录。随着科学技术的不断发展，在途跟踪的手段越来越先进，从最基础的电话到运输管理系统（TMS），再到电子地图、全球卫星定位系统（GPS）等，无论是效率还是准确性都有很大提升。

二、在途跟踪工作流程

1. 对车辆进行跟踪

若进行运输的车辆是自有车辆，可利用GPS、TMS等技术进行车辆定位完成在途跟踪；非自有车辆可利用电话等方式询问在途情况，完成在途跟踪。对车辆进行跟踪的注意事项如下：

货物发出情况、货物到达情况、收货情况必须跟踪；每辆车每日至少用电话跟踪1次；短程运输（区域配送）每小时跟踪1次，根据路线的实际长短，确定跟踪时点；要控制好每个跟踪点，确保发生异常时能及时得到信息并及时处理；新业务要加强跟踪密度和相关信息的收集整理；紧急运输或已迟到的车辆需每日跟踪2次或2次以上；以上所有信息必须登记在运输、配送管理系统中；迟到等异常情况必须立即报告客户经理和客户；事故必须在获知20 min内通知客户经理和安全组。

2. 到货预告

运输跟踪人员在进行货物跟踪过程中要经常用电话询问驾驶员所在位置，根据位置及道路状况做出到货时间预测；同时应提前1～2 h通知收货方货物预计到达的时间，要求收货方提前做好收货准备，并提供车辆的相关信息给收货方。

3. 到货卸货

运输跟踪人员要掌控卸货的整个过程。

如出现货损、货差、货物变形、串号、包装破损等情况，运输跟踪人员应要求驾驶员及时反馈异常情况。运输跟踪人员要与收货方进行协商，同时要求收货方与驾驶员当场确认责任。

若送货迟到、无人卸货，以及出现客户要求变更卸货地址、客户无故拒收等情况，运输跟踪人员应首先与收货方进行协商，在协商无果的情况下再报告客户经理处理。

货物签收完毕后，运输跟踪人员要与客户核实收货情况，进行服务质量调查。

4. 回单跟进

运输跟踪人员要不定期地通过信息系统或其他方式对回单回收情况进行跟进，追查落实未回收的回单，定期向经理与财务部汇报回单跟进情况。

三、在途跟踪相关信息技术

1. GPS

GPS（global positioning system）即全球卫星定位系统，是利用导航卫星进行测时和测距，由具有全球性、全能性、全天候、高精度的导航定位、定时测速系统构成的全球定位系统。GPS在物流配送中应用较为广泛，包括车辆导航、内河及远洋船队最佳航程和安全航线测定、航向实时调度和监测、水上救援、空中交通管理、精密进场着陆、航路导航和监视、铁路运输管理等。

GPS的功能主要包括：车辆监控管理功能，包括车辆定位、监控报警、远程监听、断油断电监控、SOS紧急求助、车载电话、语音播报、调度、设置查询、远程重启及远程改IP等；车辆定位追踪功能，包括实时定位、车辆跟踪、轨迹数据保存、轨迹数据下载、轨迹回放等；道路划分功能，包括道路划分、行驶范围划分、电子围栏划分等；自动报警功能，包括紧急报警、超速报警、断电报警、围栏报警等。

2. TMS

TMS（transportation management system）即运输管理系统。TMS大多是作为管理系统中的一个子系统，主要运用在物流管理系统中，其主要功能是对物流环节中的运输环节进行具体管理，包括车辆管理、在途货物管理等。TMS能够对物流企业的所有车辆进行实时跟踪（结合GPS系统），以保持信息流和物流的畅通。

3. 电子地图

电子地图（electronic map）即数字地图，是利用计算机技术，以数字方式存储和查阅的地图。电子地图一般使用向量式图像储存信息，显示比例可放大、缩小而不影响显示效果。现代电子地图软件一般利用地理信息系统来储存和传送地图数据。

4. GIS

GIS（geographical information system）即地理信息系统，是一种特定的空间信息系统。在计算机硬件、软件系统支持下，它可以对整个或部分地球表层（包括大气层）空间中的有关地理分布数据进行采集、储存、管理、运算、分析显示和描述。GIS 在智能交通、物流运输与配送等方面有着广泛的应用前景。

任务实施

一、运单查询

客服员接到客户查询运单的请求后，立即通过信息管理系统对发运班车进行在途跟踪。

配送中心客服员进入运输管理系统，单击“运单查询”，如图 4—16 所示。然后，将需要跟踪的货物运单号输入相应的查询位置，单击“确定”。查询到该运单的信息后，单击“运单追踪”，进行详细查询，如图 4—17 所示。

图 4—16 运单查询

运单管理

补录信息

签收录入

返单

运单查询

到货通知

调度作业

当前位置：在途跟踪

请输入查询条件：

订单号 | 运单号 91230103856

始发站 | 目的站

取货时间 到

到货时间 到

受理日期 到

托运人姓名 | 托运人账号

收货人姓名 | 收货人账号

运单状态 -请选择- | 返单状态 -请选择-

是否签收 -请选择-

排序字段：◉受理日期 ○取货日期 ○到货日期 ○运单号 ○运单状态 ○签收时间

排序方式：○正序 ◉倒序 确 定

查询结果：

	运单号	托运人姓名	托运人账号	始发站	目的站	运单状态	运单位置	返单状态	是否签单	签收人	签收时间	
✎	91230103856	张××	HK0100798	成都	北京	运输中	西安-郑州					运单追踪

图 4—17　运单跟踪

通过查询到的该运单的交接单列表可以查看货物的状态，如图 4—18 所示。

运单号为 91230103856 的状态以及各个环节发生时间列表如下(当前时间为：2018-11-10 15:18)。

	场站	作业环节	计划时间	实际时间	执行人	描述
✎	成都	派送中		2018-11-10 15:15	张××	京港澳高速，发生追尾事故
✎	成都	派送出站	2018-11-09 9:00	2018-11-09 9:00	张××	正常，完成
✎	成都	安排派送		2018-11-09 8:30	张××	正常，完成
✎						
✎						
✎						
✎						
✎						
✎						
✎						
✎						
✎						

图 4—18　交接单列表

二、编制在途跟踪报表

客服员每天对运单跟踪 1 次，并将跟踪情况绘制成在途跟踪报表（见表 4—9）。

表 4—9 在途跟踪报表

运单号	客户名称	货物名称	收件人	收件地址	收件人联系电话	班车驾驶员	车牌号	跟踪情况	异常处理	跟踪时间
91230103856	A 公司	摩托车	张××	北京市东城区什锦花园胡同××号	1375727××××	张××	京 C012××	快到西安		2018 年 11 月 9 日 14：05
								快到郑州		2018 年 11 月 10 日 14：35
91230103857	B 公司	空调	刘××	北京市西城区刘家胡同××号	1388827××××	张××	京 C012××	快到西安		2018 年 11 月 9 日 14：05
								快到郑州		2018 年 11 月 10 日 14：35
91230103858	C 公司	洗衣机	郭××	北京市东城区流水巷××号	1356824××××	张××	京 C012××	快到西安		2018 年 11 月 9 日 14：05
								快到郑州		2018 年 11 月 10 日 14：35

三、异常状况处理

2018 年 11 月 10 日 15：15，驾驶员通过 TMS 系统反馈，班车在京港澳高速郑州段发生追尾事故。车损不大，货损基本为零，但是由于事故导致道路拥堵，预计车辆到站时间延迟 5 h。客服员立即按异常状况处理的操作步骤进行了操作。

首先，客服员通过 TMS 系统或电话询问方式，对发运班车密切跟踪。同时通过跟踪系统提醒驾驶员注意行车安全，避免疲劳驾驶。

然后，客服员在 20 min 内将发运车辆出现异常状况的情况通知收货方。

在与客户沟通时需要注意：语言要妥当，站在客户的立场上解答问题；告知客户异常情况的同时，把货损情况及时告知客户；将送货延误的情况、原因告知客户，并请求谅解。

四、到货预告与到货卸货

货物到达客户指定地点后，客服员按照到货预告与到货卸货的操作步骤（见表4—10）进行操作。

表4—10　　到货预告与到货卸货的操作步骤

序号	操作图示	操作说明
1		客服员根据货物在途位置及道路状况，做出到货时间预测；同时提前1～2 h通知收货方货物预计到达的时间，要求收货方提前做好收货准备，并提供车辆的相关信息给收货方
2		客服员要掌控卸货的整个过程。如发生货损等异常情况，应要求驾驶员及时反馈异常情况，并与收货方进行协商，要求收货方与驾驶员当场确认责任
3		货物签收完毕后，客服员与客户核实收货情况，进行服务质量调查

五、回单跟进

客服员通过信息系统或其他方式对回单回收情况进行跟进，并向经理与财务部汇报回单跟进情况。

思考练习题

1. 调度员的岗位要求有哪些？
2. 车辆调度的原则有哪些？
3. 简述车辆调度的基本操作流程。
4. 简述车辆调度的注意事项。
5. 安排配送路线需要考虑的因素有哪些？
6. 简述直送式配送寻找最短路线的步骤。
7. 举例说明节约里程法中节约里程的计算方法。
8. 简述在途跟踪的工作流程。
9. 在途跟踪有哪些相关信息技术？
10. GPS 的功能主要有哪些？

项目五　取派作业

任务一　出站准备

任务引入

2018 年 3 月 27 日上午，某配送中心接到一项配送任务。根据安排，保管员要将需要配送的货物分拣、备货完毕，放至出货暂存区。调度员需要根据送货要求完成本次送货作业的路线安排、车辆调度及装配方案。取派人员需要依据取（派）通知单（见表 5—1）做好出站准备。

表 5—1　　**取（派）通知单**

<table>
<tr><td>单号</td><td colspan="3">TD0011176</td><td>操作站</td><td colspan="4">×××</td></tr>
<tr><td rowspan="2">车辆信息</td><td>车牌</td><td colspan="3">京 K137××</td><td>车型</td><td colspan="3">东风</td></tr>
<tr><td>驾驶员</td><td colspan="2">王××</td><td colspan="2">预计发车时间</td><td colspan="3">2018 年 2 月 28 日 09：21</td></tr>
<tr><td>数量</td><td colspan="2">11 件</td><td>总重量</td><td colspan="2">47 kg</td><td>总体积</td><td colspan="2">0.38 m^3</td></tr>
<tr><td colspan="9">客户信息</td></tr>
<tr><td>订单/运单号</td><td>序号</td><td>客户</td><td>地址</td><td>电话</td><td>姓名</td><td>类型</td><td>返单</td><td>收款</td></tr>
<tr><td>3000021021013</td><td>1</td><td>B 公司</td><td>北京市西城区刘家胡同××号</td><td>1356273××××</td><td>刘××</td><td>在派</td><td>否</td><td>否</td></tr>
<tr><td>3000021060013</td><td>2</td><td>F 公司</td><td>北京市西城区宣武门外大街××号</td><td>010－8836××××</td><td>张××</td><td>在派</td><td>否</td><td>否</td></tr>
<tr><td>3000022001310</td><td>3</td><td>G 公司</td><td>北京市东城区工体西路××号</td><td>010－8657××××</td><td>周××</td><td>在派</td><td>否</td><td>否</td></tr>
</table>

续表

3000031079201	4	H公司	北京市西城区金融街××号	1336284××××	陈××	在派	否	否

货品信息

订单/运单号	货品名称	数量（件）	重量（kg）	体积（m³）	备注
3000021021013	洗衣粉	6	15	0.24	
3000021060013	饼干	3	20	0.085	
3000022001310	糖果	5	25	0.145	
3000031079201	加湿器	2	12	0.059	
制单人		制单时间		驾驶员签字	

任务分析

完成货物取派作业的前提是进行出站准备，因此需要明确出站准备的工作内容，包括打印取（派）通知单、根据取（派）通知单拣取对应货物、制作货物标签、选择合适的配载车辆、准备需要携带的相关单据及设备等。

相关知识

一、出站准备的作业流程

在出站准备阶段，配货员应根据调度员生成的取派作业调度计划，备好取（派）通知单。配货员针对待取货物准备对应的预打印运单，并预先打印货物标签；针对待派货物准备对应的运单，并将出货暂存区中待派货物对应的周转笼车推送至发货月台。

出站准备的作业流程如图 5—1 所示。

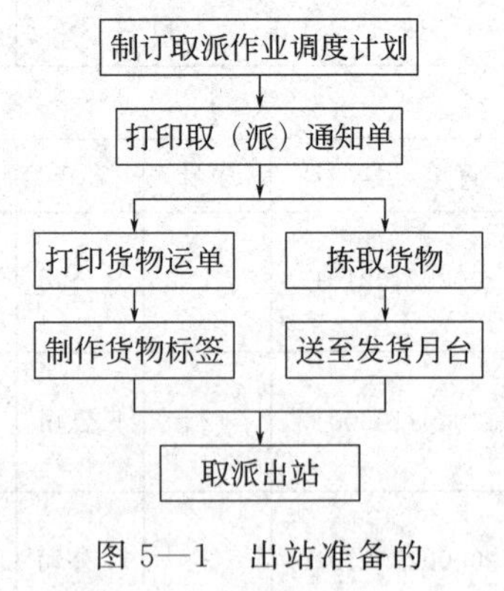

图 5—1　出站准备的作业流程

二、制订取派作业调度计划

调度员对本次取派货物的属性、运量、包装以及送货流向、送货距离、送货时间和紧急程度进行分析。调度员首先查看配送中心与各目的地的配送距离及配送区域图，然后根据节约里程法，参考配送中心的运输能力，制定本次取派任务的行车路线。具体可参考前文调度作业等相关内容。

三、取派设备

为了更好地完成外出取派工作，取派员要携带相关设备。常用取派设备包括卷尺、手持终端、货物运单、秤等，具体见表 5—2。

表 5—2　　　　常用取派设备

序号	图示	说明
1		卷尺是日常生活中常用的测量工具，较多用于建筑和装修领域，也是家庭必备的工具之一。卷尺以钢尺为主，其次是纤维卷尺即皮尺
2		手持终端是一种便于携带的数据处理终端，可以移动使用，一般分为工业级手持终端和消费级手持终端。在物流行业使用的是工业级手持终端，其在性能、稳定性、电池的耐用性方面都比消费级手持终端好
3		货物运单是用于记录托运货物原始收寄信息及服务约定的单据。客户托运货物时需要填写该单据，内容包括寄件和收件双方单位名称、联系人、地址及联系电话等
4		秤是用于测定物体重量的工具，常见的有台秤、案秤、弹簧秤等。取派员在取件时常使用电子秤来测定货物的重量，比较便捷、准确

任务实施

一、取派调度

1. 调度员登录运输业务系统，在系统菜单上单击“取/派调度”，如图 5—2 所示。

图 5—2 运输业务系统菜单

2. 单击“增加/修改”，填写运力编号、车牌号、司机、货运员等信息。单击“保存”，新增取（派）通知单，如图 5—3 所示。

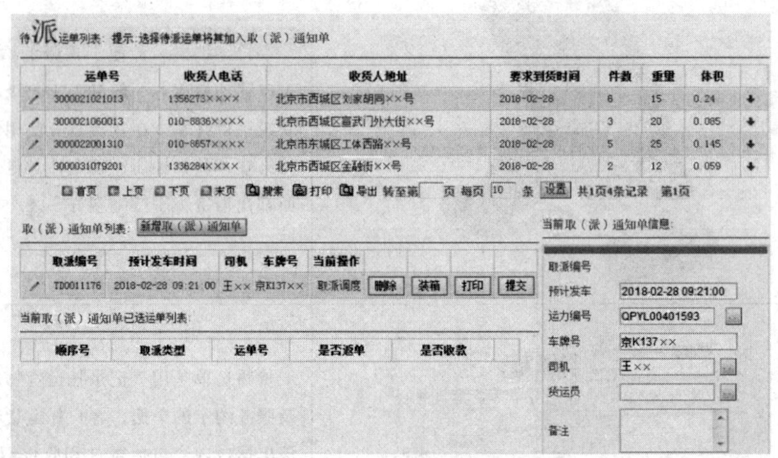

图 5—3 新增取（派）通知单

3. 提交新增的取（派）通知单后，调度员单击“打印”，打印出取（派）通知单，如图 5—4 所示。

二、取派准备

调度员和配货员按照取派准备的操作步骤（见表 5—3）进行操作，完成取派的准备工作。

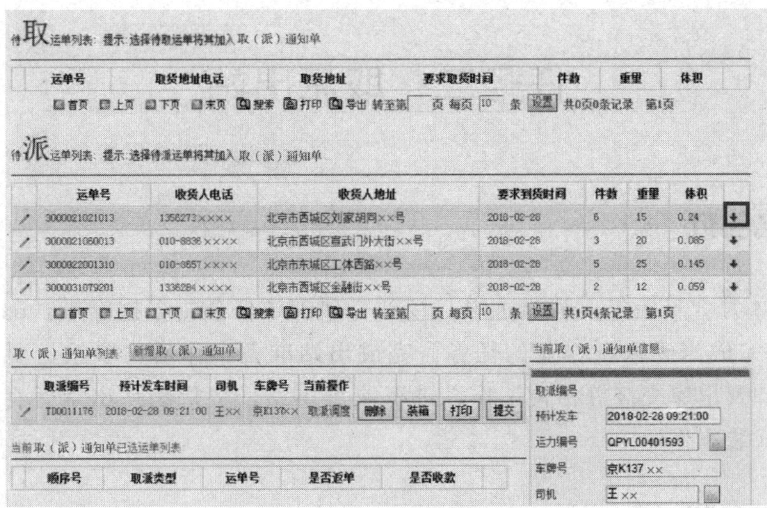

图 5—4 打印取（派）通知单

表 5—3　　取派准备的操作步骤

序号	操作图示	操作说明
1		打印完毕的取（派）通知单为三联单，调度员签字后将第一联留底
2		调度员将三联单的其余两联交给配货员，完成取（派）通知单的交接工作
3		配货员接到取（派）通知单后，根据取（派）通知单的作业要求拣取货物，并将待派货物对应的周转笼车推送至发货月台

任务二　取派出站

任务引入

2018 年 4 月 3 日上午，某配送中心接到一项配送任务。根据安排，配货员按照取（派）通知单完成当天取派作业的任务。完成出站准备工作后，取派员要完成货物检查、货物装卸及出库交接等相关工作，进行取派出站，将货物从出货暂存区取出，按规定数量完成装车作业。

任务分析

要完成取派出站任务，首先需对出货暂存区的货物进行检查，然后完成货物的装卸搬运工作。

相关知识

一、取派出站概述

在取派出站环节，配货员根据调度员生成的取派作业调度计划，通知取派员驾驶车辆至发货月台，在发货月台将待派货物按顺序装车，并利用手持终端扫描核对货物，避免漏货、串货等情况的发生。配货员将取（派）通知单、相关预打印运单、货物标签等单据和材料交给取派员。取派员驾驶车辆驶出场站，根据规定的取派路线和顺序，完成取派作业任务。

二、检查出站货物

配货员利用手持终端对堆放至发货月台的待派货物进行扫描，并根据取（派）通知单核对货物种类及数量，确保货物无破损、渗漏，确保货物外包装安全牢固，再将相关单据和材料一并交给取派员。

出站货物的检查是取派出站过程中较为重要的一个步骤，需要检查的内容主要有：核对货物总数，一般采用点件查数法和重量验收法等方法；检查货物外包装，主要检查包装是否安全、牢固，标志、标记、包装材料的质量状况是否符合要求等；对于液体货物要特别注意，在出站前要重点检查是否发生液体渗漏；检查货物运单，主要检查运单上收件人的姓名、电话、地址是否详细、正确，以确保货物能够顺利派送。

三、装卸搬运

1. 装卸搬运的概念

装卸搬运是指在一定区域内（如工厂中、仓库内等），以改变“物”的存放状态和位置为主要内容的活动。具体而言，装卸主要指从垂直方向改变“物”的存放状态和位置，搬运主要是指从水平方向改变“物”的存放状态和位置。

装卸搬运作业的基本活动包括装车、卸车、堆垛、入库、出库以及连接上述各项动作的短程输送，是随运输和保管等活动而产生的必要活动。在物流过程中，搬运作业是不断出现和反复进行的，它出现的频率高于其他各项物流活动。搬运活动一般要花费很长时间，所以搬运作业往往成为决定物流速度的关键。

2. 装卸搬运的原则

装卸搬运作业在操作过程中需要遵循一定的原则，确保装卸搬运作业能够安全、高效进行，具体见表5—4。

表5—4　　装卸搬运的原则

序号	作业原则	说明
1	有效作业原则	尽量减少和避免不必要的装卸搬运，只做有用功，不做无用功
2	集中作业原则	作业时要合理配置及使用装卸搬运设备，提高机械化作业水平，合理组织作业流程，提高作业效率
3	简化流程原则	简化装卸搬运流程包括两个方面：一是尽量实现作业流程在时间和空间上的连续性，二是尽量提高载货设备的载荷
4	安全作业原则	作业过程中须确保工作人员及货物的安全
5	系统优化原则	作业时要针对货物特性进行系统优化

3. 装卸搬运的特点

（1）装卸搬运作业是附属性、伴生性的活动

装卸搬运作业是配送中心每一项活动开始及结束时发生的活动，有时也被看作是其他作业的组成部分，因而常被忽视。例如，一般而言的汽车运输实际就包含了相伴的装卸搬运，仓库中泛指的保管活动也含有搬运活动。

（2）装卸搬运作业是支持性、保障性的活动

装卸搬运作业的附属性不能理解成被动性。实际上，装卸搬运作业对其他作业活动有一定的决定性，会影响其他作业活动的质量和速度。

（3）装卸搬运作业是衔接性的活动

任何其他作业活动之间相互过渡时，都以装卸搬运来衔接，因而装卸搬运作业往往会成为整个物流系统的“瓶颈”，是配送中心各功能能否形成一个有机整体的关键所在。

四、装车堆积

装车堆积是指在具体装车时，为充分利用车辆最大载重量和最大装载容积而采用一定方法进行货物堆码的作业活动。由于配送的货物属于不同性质、不同种类，对装卸、受力、防震等有不同要求，而且其密度、体积及包装形式各异，因此，装车堆积时要根据所配送货物的性质和包装来确定堆积的行、列、层数及码放的规律，在充分保证货物数量和重量准确的前提下，尽可能提高对车辆容积和载重能力的利用，以充分发挥运能、节省运力、降低配送费用。

1. 装车堆积的方式

装车堆积分为行列式堆码和直立式堆码两种方式，如图 5—5 所示。

行列式堆码方式

直立式堆码方式

图 5—5　装车堆积的方式

2. 装车堆积的原则

为了提高配送效率，降低配送成本，减少货损、货差，装车堆码应遵循以下原则：

充分利用车辆的有效容积和载重能力，尽可能多地堆码货物，但货物的尺寸不能超出车厢尺寸，总体积不能超过车辆的有效容积，总重量不能超过车辆最大载重量。

到达同一地点的适合配载的货物应尽可能一次堆码，并尽量做到先送后装，即同一车中有目的地不同的货物时，要把先到站的货物放在车辆的外面和上面，后到站的货物放在车辆的里面和下面。

堆码层次与方法应合理，堆码要规律、整齐，重不压轻，大不压小。轻货应放在重货上面，包装强度低的货物应放在包装强度高的货物上面。堆码高度不能太高。

3. 装车堆积的注意事项

堆积时，车厢内货物重量应分布均匀。货物要前后、左右、上下重心平衡，以免发生翻车事故。

应防止车厢内货物之间互相碰撞、互相污染。货物与货物之间、货物与车辆之间应留有空隙并适当放置衬垫，防止货损。不将散发异味的货物与易吸收气味的货物混装。尽量不将散发粉尘的货物与清洁货物混装。切勿将渗水货物与易受潮货物混装。有尖角或其他有凸起的货物应和其他货物分开堆码或用木板隔离，以免损伤其他货物。

为了减少和避免差错，要尽量把外观相近、容易混淆的货物分开堆码。包装不同的货物应分开堆码，如板条箱装货物不要与纸箱装、袋装货物堆码在一起。

应将货物的标签朝外粘贴，以方便装卸。

装车堆积完毕后，应在门端处采取适当的稳固措施，以防开门卸货时货物倾倒，造成货损或人身伤亡。

任务实施

一、检查出站货物

各小组分别进行讨论，总结货物检查的内容，现场操作员以此为基础，按照检查出站货物的操作步骤（见表5—5）对该批货物进行检查，并记录检查结果（见表5—6）。

表5—5　　检查出站货物的操作步骤

序号	操作图示	操作说明
1		配货员将取（派）通知单的第三联交给取派员
2		取派员对照取（派）通知单进行派送货物检查，核对货物总数，检查货物外包装，检查是否发生液体渗漏，检查货物运单

表 5—6　　检查出站货物

小组名		学生姓名	
序号	检查内容		检查结果
1	核对货物总数		
2	检查货物外包装		
3	检查是否发生液体渗漏		
4	检查货物运单		

二、装卸搬运

操作人员按照装卸搬运的操作步骤（见表 5—7）进行操作。

表 5—7　　货物装卸搬运

序号	操作图示	操作说明
1		货物装车前，取派员仔细检查运输工具的工作状况
2		配货员对货物进行清点后，由装卸工对货物进行装车
3		装卸工按照先送后装的顺序，遵循重不压轻、大不压小、受力均匀、整齐码放的原则进行装车堆积

任务三 送货作业

任务引入

2018 年 5 月 22 日上午，某物流公司湖州配送中心配货员完成出站准备、取派出站等作业流程后，需根据送货通知单及配送路线，完成货物的运送及送达交接工作。送货通知单见表 5—8。

表 5—8　　送货通知单

单号	TD0011169			操作站	×××			
车辆信息	车牌	浙 E142××			车型	东风		
	驾驶员	王××		预计发车时间		2018 年 5 月 22 日 9：21		
数量	11 件		总重量	47 kg		总体积	0.38 m^3	
客户信息								
订单/运单号	序号	客户	地址	电话	姓名	类型	返单	收款
1000021021013	1	湖州 L 集团	浙江省湖州市吴兴区凤凰路××号	1355726××××	刘××	在派	否	否
1000021620013	2	湖州 T 公司	浙江省湖州市吴兴区人民路××号	1378293××××	张××	在派	否	否
1000031072001	3	湖州 Z 公司	浙江省湖州市吴兴区东街××号	1336824××××	陈××	在派	否	否

货品信息					
订单/运单号	货品名称	数量（件）	重量（kg）	体积（m^3）	备注
1000021021013	洗衣粉	6	15	0.24	
1000021620013	饼干	3	20	0.085	
1000031072001	加湿器	2	12	0.059	
制单人		制单时间		驾驶员签字	

任务分析

要完成该任务，需要熟悉送货时产生的各种单据，明确卸货作业的流程，并且在检查待派货物的外包装、清点货物数量、核对送货单与实际货物后，根据配送路线完

成送货作业。

相关知识

一、送货作业的概念

送货作业是指利用配送车辆把客户订购的商品从制造企业、生产基地、批发商、经销商或配送中心送到客户手中的过程。待派货物运抵收货人处后，派送人员需在客户收货时与客户共同清点货物数量、品类，确认货物无误后，要求客户在运单上签字确认，派送人员再将单据带回场站。配送送货的特点是距离短、批量小、频率高。根据日本的配送经验，配送半径最好在 50 km 以内，而我国配送中心的配送有效距离一般在 30 km 以内。

二、送货作业的注意事项

在送货前需明确订单内容，核对货物，避免漏货、串货等情况的发生；需针对货物的性质、种类及数量，选择合适的配送车辆和装车堆码方式，避免造成货物损坏和资源浪费；需明确具体的送货地点，确保货物能及时、准确地送达目的地；需选择最优的送货路线；还需要充分考虑作业点的装卸货时间，合理高效地装卸货物。

任务实施

一、货物派送

取派员根据货物派送的操作步骤（见表 5—9）进行操作。

表 5—9　　货物派送的操作步骤

序号	操作图示	操作说明
1		取派员按照取（派）通知单的信息，选择合适的配送路线，在规定时间内到达客户处进行货物派送作业

续表

序号	操作图示	操作说明
2		取派员到达客户处时，应当使用标准服务用语，主动表明身份，说明到来目的
3		取派员将需要派送的货物移交给客户

二、货物检查

客户对货物进行检查，包括检查货物的外包装，清点货物数量，核对货物种类等，其操作步骤见表 5—10。

表 5—10　　货物检查的操作步骤

序号	操作图示	操作说明
1		取派员主动提醒客户当面检查货物，进行收货检验
2		货物检验和信息确认无误后，请客户在运单的“收件人签名”处亲笔签名，注意应确保签名或盖章清晰可辨

续表

序号	操作图示	操作说明
3		客户签收后，取派员撕下运单的第一联物流公司联留存
4		取派员使用手持终端，单击系统菜单中的“现场派货”，及时回传客户签收信息

取派员按照配送路线逐个送货至客户处，每次搬运卸货完毕后，需对货物数量进行清点，核对货物数量，避免出错。

三、返回

取派员返回货运中心，整理好已派送运单的第一联物流公司联和取（派）通知单，交给验收员点收，由其进行后续处理。

任务四　取货作业

任务引入

2018 年 8 月 18 日，EMS 物流某配送中心接到客户发送过来的预约取货信息（见表 5—11）。配送中心需在 8 月 18 日早上到北京市海淀区大钟寺东路××号取 4 件货物，总重大约 16 kg，总体积大约 0.12 m^3。请完成取货的相关工作。

表 5—11　　　　　　　　　　　　　　　**取货信息**

2018 年 8 月 18 日

始发站：北京 EMS 物流			目的站：北京各区（取件）		
取货信息	寄件人	赵×	吴×	郑×	王×
	是否取货	是	是	是	否
	寄货地址	北京市海淀区大钟寺东路××号	北京市海淀区友谊路××号	北京市海淀区远大路××号	北京市海淀区阜石路××号
	联系人	赵×	吴×	郑×	王×
	联系方式	010－5334××××	010－5339××××	1350897××××	1385679××××
	取货时间	2018 年 8 月 18 日 8：00—9：00	2018 年 8 月 18 日 8：00—9：00	2018 年 8 月 18 日 8：00—10：00	2018 年 8 月 18 日 9：00—10：00
收货信息	收件人	乐通贸易有限公司	大湖贸易有限公司	零味道商贸有限公司	佳美商贸有限公司
	联系人	金×	孙×	李×	周×
	联系方式	028－8632××××	1360093××××	010－8725××××	1390087××××
货品名称		饼干	蓝牙耳机	蜜饯礼盒	面包机
包装规格（m）		0.285×0.38×0.27	0.285×0.38×0.27	0.32×0.48×0.20	0.32×0.57×0.22
单位		箱	箱	箱	箱
体积（m^3）		0.117	0.117	0.092	0.843
重量（kg）		16	20	90	105
数量		4	4	3	21
运单号		1089789447310	2000020140902	3000020140903	4000020140904

任务分析

要完成上述第一列取货任务，需要了解取货的主要作业流程。取货作业流程包括取货前准备、核对有关单据和信息、计量货物运费与装货、货物检查等一系列活动。

相关知识

一、取货作业概述

取货作业包括从客户手中将货物接手，检查其数量、质量，将货物搬运到货运车

上，填写运单，以及将有关信息回传等一系列工作。取货作业的流程如图 5—6 所示。

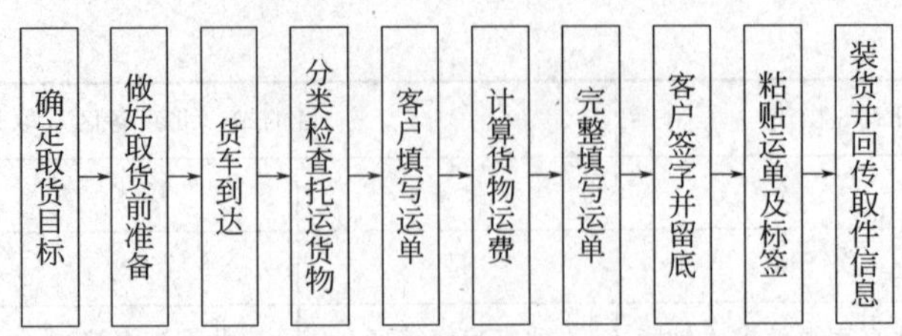

图 5—6　取货作业的流程

二、取货前的准备

在取派员取货之前，信息员要及时查看取货信息通知，必须根据取货通知及时掌握装运货物的品种、数量和取货时间等具体情况，并在此基础上做好相应的准备工作。

1. 储位、路线及人员安排

信息员要根据取货通知的要求，预先安排好储位，可以选择直接周转或者安排货位存储。取派员要根据客户要求的时间、派送路线、发件要求（程序与紧急程度）和交通状况等因素，确定最优的取货路线，并根据随时收到的取货通知进行调整。

取派员应准备的个人证件包括工牌、身份证、驾驶证等。信息员要根据取货到达仓库的时间、数量，预先安排好接运、信息处理、卸货、检验、搬运、入库或分拨的作业人员。

2. 设备及工具准备

取派员要根据所取货物的信息，确定检验、计量、装货与搬运的方法，准备好相应的检验设施，以及装货、码货的工具与设备，并安排好合适的车辆。

取件必备用品包括笔、秤、卷尺、详情单、收据、快递包、文件封、各式包装箱、价目表、发票等。如果客户在发件的同时还有其他要求（如结账和提供包装材料），取派员应提前做好准备，以免影响工作效率，引起客户不满。

三、核对有关单据和信息

取货时通常需要准备相关单据，如运单、标签、取件路单等，分别如图 5—7、图 5—8 和图 5—9 所示。

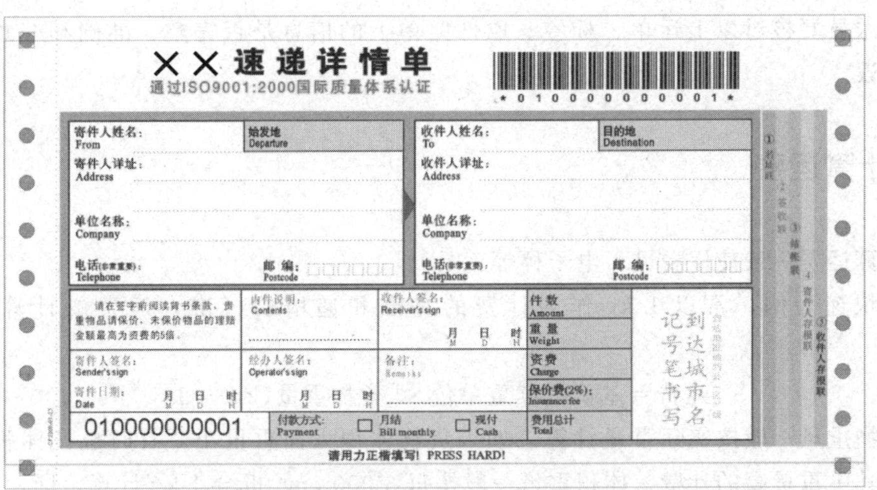

××速递详情单

通过ISO9001:2000国际质量体系认证

010000000001

寄件人姓名：From	始发地 Departure	收件人姓名：To	目的地 Destination
寄件人详址：Address		收件人详址：Address	
单位名称：Company		单位名称：Company	
电话(非常重要)：Telephone	邮编：Postcode □□□□□□	电话(非常重要)：Telephone	邮编：Postcode □□□□□□

请在签字前阅读背书条款，贵重物品请保价，未保价物品的理赔金额最高为资费的5倍。	内件说明：Contents	收件人签名：Receiver's sign　月 M　日 D　时 H	件数 Amount	记到 号达 笔城 书市 写名
寄件人签名：Sender's sign	经办人签名：Operator's sign	备注：Remarks	重量 Weight	
寄件日期：Date　月 M　日 D　时 H	月 M　日 D　时 H		资费 Charge	
010000000001	付款方式：Payment	□ 月结 Bill monthly　□ 现付 Cash	保价费(2%)：Insurance fee	
			费用总计 Total	

①存根联 ②签收联 ③结帐联 ④寄件人存根联 ⑤收件人存根联

请用力正楷填写！PRESS HARD!

图 5—7　运单

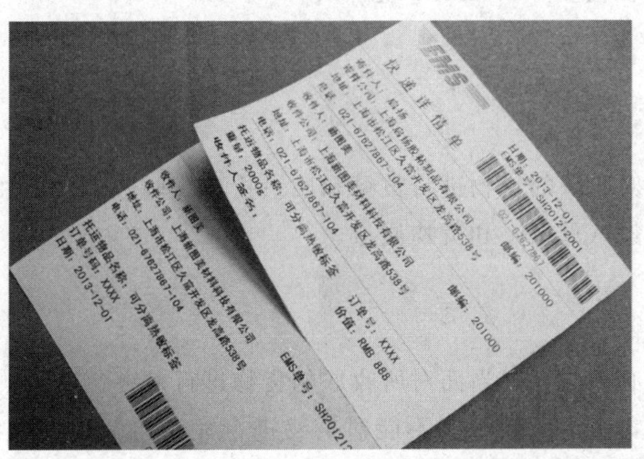

图 5—8　标签

进口						出口					
理	POD No.	件数	重量	派送时间	派送单位	代理	POD No.	件数	重量	收件时间	发件单位
					[illegible]	S/C	31016260866	[illegible]	5000	17:30	[illegible]
						S/C	31018977802	TYO	9500	—	
					[illegible]	S/C	31019352280	TYO	24500	—	—
						S	31019484573	[illegible]	37500	18:00	[illegible] 5500
					[illegible]	S	31019252832	NGO	11500	18:30	[illegible] 1828
						S	31018179463	TYO	41000	—	—
						S	31017602055	TYO	7000	19:00	[illegible]
						S	31018088021	TYO	4500	—	
						S	31017751866	TYO	5000	—	—
						S	31017758834	TYO	4500	—	—
						S	31018088010	TYO	2500	—	—
						S	31017713613	TYO	2500	18:00	[illegible]
						S	31017705835	OSA	3000	—	—
						S	31018568390	TYO	6500	18:30	[illegible]
						S	31015167072	TPE	10000	18:40	[illegible] 1005
						S/C	31019338280	TYO	5000	16:00	[illegible]
										[illegible]	[illegible]
							31018977883	[illegible]	[illegible]		
							31019352313				[illegible]
合计				发送员：		小计				收件员：	

图 5—9　取件路单

取派员要核对以上运单、标签、取件路单上的信息是否完整、准确和一致，防止出现错误。

四、计算运费

计算运费一般使用卷尺、电子秤等工具。

以快递为例，常以 1 kg 作为计费的基准和递增的标准，运费的计算公式一般是：

$$运费=基价+续重单价\times[货物重量(kg)-1]$$

货物重量一般按实际重量计算，如果货物体积大而重量小，有时也按体积重量计算，取其中重量高的计费。体积重量一般按每 6 000 cm^3 折合 1 kg 计算，即：

$$体积重量=长(cm)\times宽(cm)\times高(cm)\div 6\ 000\ cm^3/kg$$

五、货物验收

货物验收是指对收取的货物进行数量和质量检验。验收的内容主要包括货物包装、货物名称、货物数量（重量）和货物质量。

1. 货物包装

取派员原则上必须与客户当面对所收取的货物进行最终包装。

在实际操作中，由于条件限制不能对货物进行完善包装的，取派员需对货物进行简易包装，目的是为了不与其他货物混淆，以免造成单货不符。

2. 货物名称

货物品名要与实际货物相符，与运单、标签、取件路单上的名称相符，与手持终端回传的信息相符。

3. 货物数量（重量）

货物数量（重量）必须与取件数量（重量）相符。

4. 货物质量

通常根据货物的情况对货物进行外包装的检查，有条件的可以打开包装检查。

任务实施

一、取货作业准备

取派员按照取货作业准备的操作步骤（见表 5—12）进行操作。

表 5—12　　　　取货作业准备的操作步骤

序号	操作图示	操作说明
1	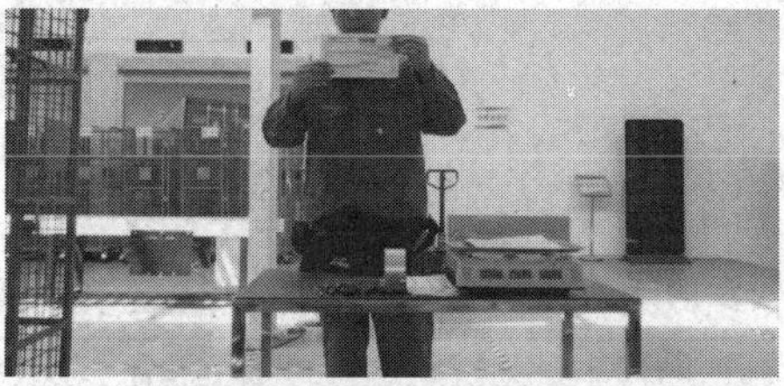	取派员准备需要携带的相关单据及工具设备
2		取派员将工具设备放到取派车辆上，并且检查车门是否正常关闭
3	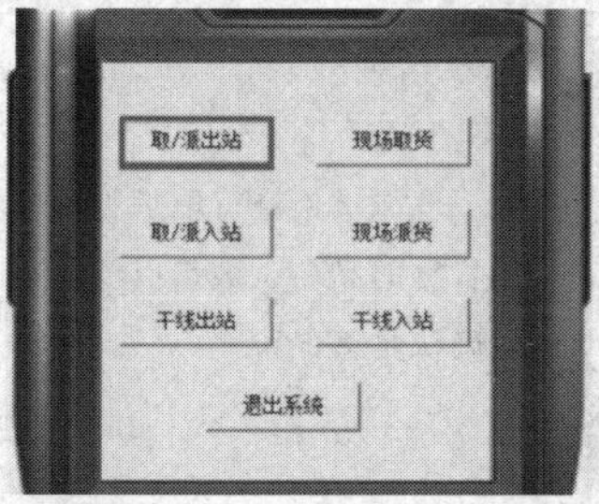	取派员使用手持终端进行操作，单击“取/派出站”
4		取派员核对出站车辆，单击“扫描”

续表

序号	操作图示	操作说明
5		审核无误后，单击“出站”，确认出站

二、检查托运货物

取派员按照托运货物检查的操作步骤（见表 5—13）进行操作。

表 5—13　　托运货物检查的操作步骤

序号	操作图示	操作说明
1		取派员在规定时间内到达客户处
2		取派员检查待取货物的基本情况，核实托运货物的品名、数量以及包装是否符合要求，并确认是否保价

检查托运货物时，取派员要根据货物的不同情况，就货物的包装向客户提出要求，避免货物发生损坏。

三、填写运单

取派员按照运单填写的操作步骤（见表 5—14）进行操作。

表 5—14　　　　　　　　　　　　**运单填写的操作步骤**

序号	操作图示	操作说明
1		客户填写运单中需由寄件方填写的相关内容，包括寄件、收件双方的单位名称、联系人、地址及联系电话等
2		取派员使用携带的卷尺测量货物的实际尺寸
3		取派员使用随身携带的电子秤测量货物的实际重量
4		取派员使用随身携带的手持终端计算和确认运费，单击手持终端系统菜单的“现场取货”
5		取派员确认取派编号、运单号，单击“取货”

续表

序号	操作图示	操作说明
6	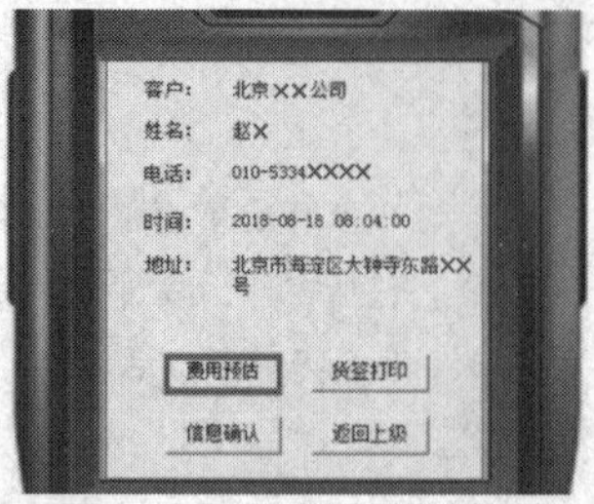	取派员核对客户信息，单击“费用预估”
7	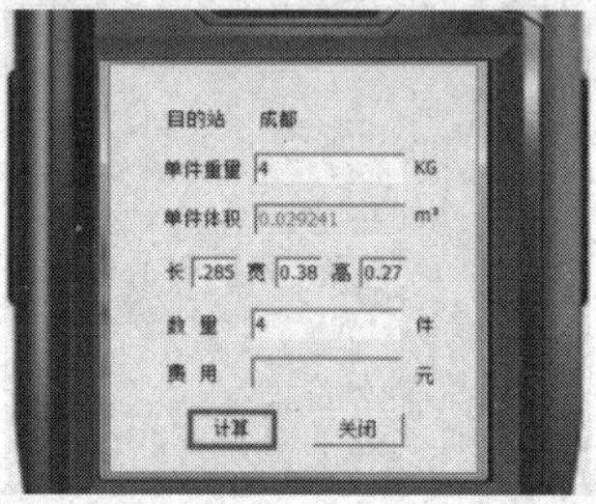	取派员根据测量的单件货物尺寸和重量，输入相应数值，再输入货物数量
8	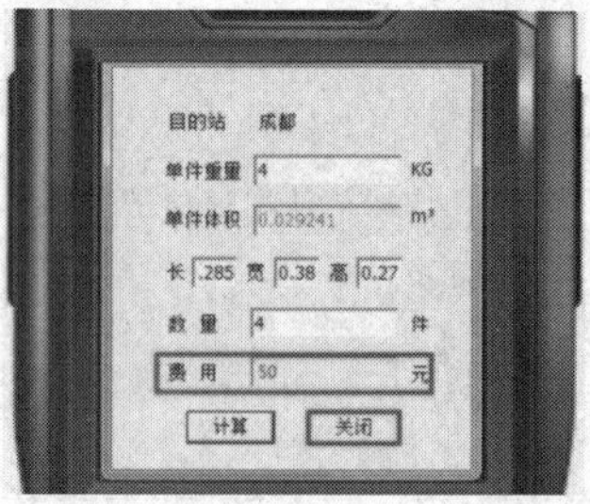	取派员单击“计算”，费用栏显示出总费用，然后单击“关闭”
9		取派员填写运单中需要自己填写的内容，包括托运货物详细资料、附加服务、寄递费用、付款方式等
10		取派员将填写完毕的运单交给客户进行签字确认，并将运单的“寄件人存”联撕下交给寄件客户留存

1. 运单填写的注意事项

运单必须用正楷字体填写，发件客户必须在运单上签字，取派员不可接受客户提出的更改取件日期的要求。客户如手写运单，应提示其用力书写，以保证复写效果。取得客户签字后，取派员在运单上签字并填写取件时间，撕取寄件人存根联交给发件人，清理现场，查看是否有遗留物，并与客户道别，完成取件。

2. 保价注意事项

如果托运货物为贵重物品，取派员要向客户询问其价值并建议保价。客户选择此项服务时，应确定保价金额与货物实际价值一致，每件货物保价金额最高限额为人民币 10 万元，保价费按申报保价金额的 1%收取，每件货物最低收取 1 元人民币。取派员须向客户说明，如不保价，一旦出现问题客户只能按普通货物索赔。

3. 运费付费方式

（1）现结

现结即由客户现场向取派员支付运费。

（2）月结

与配送中心签订月结付款合同的客户可以按月支付运费。取派员在收取货物时，应核对客户的月结账号。

（3）到付

到付即运费由收件方支付。采用到付方式时应使用到付专用面单。

四、粘贴运单

取派员按照运单粘贴的操作步骤（见表 5—15）进行操作。

表 5—15　　运单粘贴的操作步骤

序号	操作图示	操作说明
1		取派员选定一件货物，将运单粘贴在货物适当位置

续表

序号	操作图示	操作说明
2	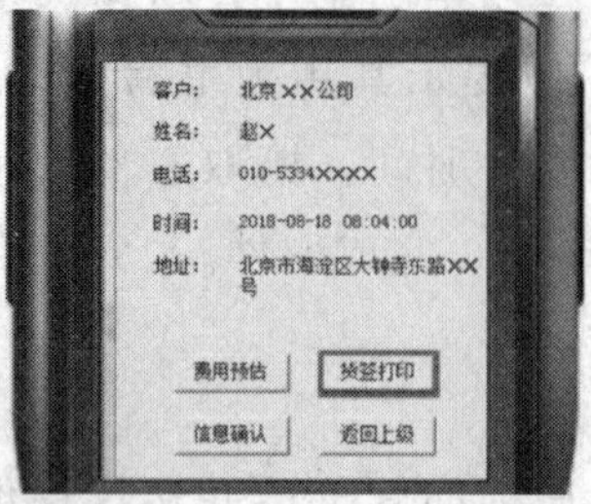	取派员使用手持终端打印货物标签
3		取派员将标签分别粘贴到各件货物相应位置
4	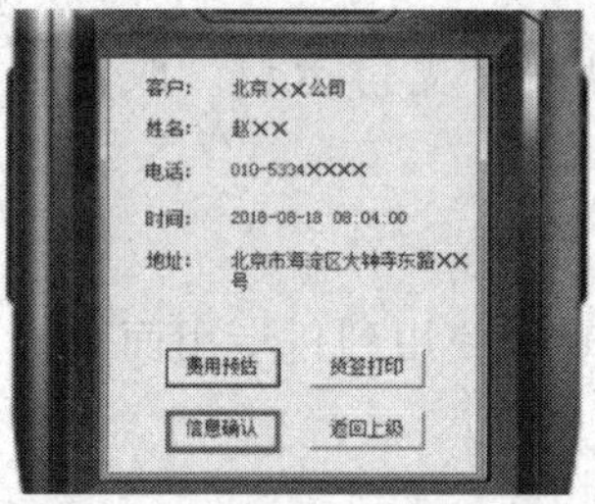	取派员使用手持终端回传收件信息
5		取派员将货物装车，驾驶载货车辆离开

运单粘贴要美观、大方，从左到右粘贴在货物适当位置，运单与货物边缘留出5 cm的距离为宜。若一票多件，必须将各外包装分别贴上标签，并在外包装醒目处标记总件数和件序数，例如，4—1 表示共 4 件的第 1 件。

任务五　返品回收

任务引入

2018 年 8 月 16 日，某物流公司湖州配送中心接到客户的退货单（见表 5—16），要对一批退货进行处理，请完成退货回收的相关工作。

表 5—16　　退货单

2018 年 8 月 16 日

退货信息	退货人	客户 K	客户 L	客户 M	客户 N
	是否送货	是	是	是	是
	退货地址	浙江省湖州市吴兴区凤凰路××号	浙江省湖州市南浔区向阳路××号	浙江省湖州市南浔区联谊路××号	浙江省湖州市南浔区风顺路××号
	联系人	黄××	陈××	张××	原××
	联系方式	0572-8996××××	0572-6709××××	1398733××××	1364509××××
	收货时间	2018 年 8 月 11 日 8：00—15：00	2018 年 8 月 12 日 8：00—10：00	2018 年 8 月 12 日 5：00—18：00	2018 年 8 月 10 日 5：00—18：00
	退货时间	2018 年 8 月 16 日 8：00—9：00	2018 年 8 月 16 日 13：00—14：00	2018 年 8 月 16 日 12：00—13：00	2018 年 8 月 16 日 11：00—12：00
货品名称		相机包	蓝牙耳机	蜜饯礼盒	面包机
单位		个	只	个	个
数量		1	12	20	1
退货单号		1000020140901	2000020140902	3000020140903	4000020140904

任务分析

要完成上述返品回收任务，需要了解返品回收的作业流程和注意事项，以及返品的处理方法等。

相关知识

一、返品回收原则的制定依据

物流配送企业应根据《中华人民共和国消费者权益保护法》《中华人民共和国产品质量法》《中华人民共和国合同法》及国家有关规定制定返品回收的原则。

二、返品回收的作业流程

返品回收的作业流程如图 5—10 所示。

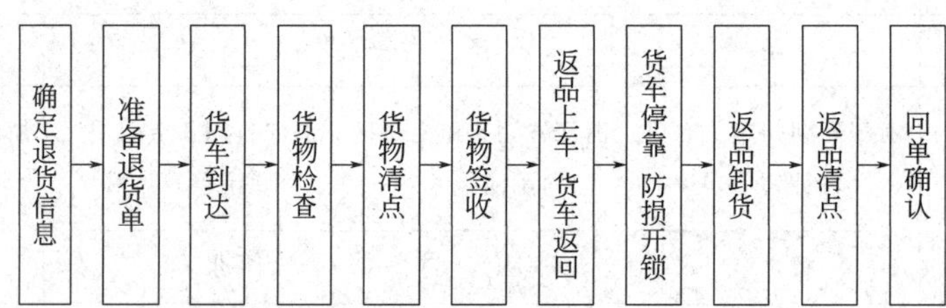

图 5—10　返品回收流程

三、返品回收注意事项

供货企业采用网络、电视、电话、邮购等方式销售商品，客户有权自收到商品之日起七日内退货，且无须说明理由。但客户定做的商品，鲜活易腐的商品，在线下载或者消费者拆封的音像制品、计算机软件等数字化商品，以及交付的报纸、期刊，不适用无理由退货。此外，其他根据商品性质并经客户在购买时确认不宜退货的商品，也不适用无理由退货。

客户要退回的商品应当保持完好，相关附属配件必须齐全，包装应保持完好。如果是整套商品中的个别商品有问题，应将整套商品退回。

办理返品回收的客户应提供货物交付有关证明、原始发票及具体的退换货原因，退货前应与供货企业进行联系。

供货企业应当自收到退回商品之日起七日内返还客户支付的商品价款。退回商品的运费由客户承担，双方另有约定的，按照约定执行。供货企业服务人员计算相关费用与补货差价，与客户核对无误后，收取相关费用，交至财务人员处。

返品回收作业常用的单据有客户情况询问单、入库单、退货单和费用申请单等。

四、返品的处理方法

企业应为返品处理配备专门场地和专门库房，设立一个返品处理部门，由专人负责，监督该部门的工作执行情况。

返品处理部门评估所返商品的具体情况，确定恰当的处理模式。

因重大质量问题而无利用价值的返品直接报废或销毁。销毁时要注意安全，防止污染环境。有部分利用价值的返品可部分回收。

任务实施

一、返品回收作业准备

工作人员按照返品回收作业准备的操作步骤（见表 5—17）进行操作。

表 5—17　　　　返品回收作业准备的操作步骤

序号	操作图示	操作说明
1		接收到客户的退货信息，记录好退货信息
2	退货单 客户名称：K　　退货日期：2018 年 8 月 16 日 退货单号 | 商品名称 | 规格 | 数量 | 退货原因 | 验收情况 1000020140901 | 相机包 | 黑色 | 1 | 包装破损 | 制单人：　　收货人：　　仓库管理员：	准备退货单。根据退货单准备进行返品验收。退货单应注明客户名称以及退货的品种、规格、数量和原因等

续表

序号	操作图示	操作说明
3		车辆到达退货点

二、据单点货

工作人员按照据单点货的操作步骤（见表 5—18）进行操作。

表 5—18　　据单点货的操作步骤

序号	操作图示	操作说明
1		取派员检查返品是否符合物流中心退货规定，主要检查返品的保质期、外包装等
2		取派员看货查单，检查返品数量、品种是否与退货单信息一致

续表

序号	操作图示	操作说明
3		双方确认返品无误后，取派员在退货单上签名确认
4	退款成功 2018年8月18日 17:09 退款总金额 ¥79.00 申请件数：1 申请时间：2018-8-16 15:26 退款编号：1000020140901	完成退货交易，客户将会得到退货款

检查退回货物时，要根据具体货物的不同情况对所退货物的包装进行检查，避免单货不符造成损失。

三、返品装车

工作人员按照返品装车的操作步骤（见表 5—19）进行操作。

表 5—19　　　　返品装车的操作步骤

序号	操作图示	操作说明
1		取派员将所收返品搬运上车

续表

序号	操作图示	操作说明
2		不同客户的返品需隔开，以方便识别、区分

四、返品交接

工作人员按照返品交接的操作步骤（见表 5—20）进行操作。

表 5—20　　返品交接的操作步骤

序号	操作图示	操作说明
1		取派员将退货车辆停靠在退货仓库门口，随后进行防损开锁，将货车货厢门打开，以方便卸货
2		取派员和仓库保管员一起进行返品卸货

续表

序号	操作图示	操作说明
3		仓库保管员清点返品，确认返品数量
4		若返品清点无误，仓库保管员进行回单确认
5		工作人员将返品放入仓库，并按要求摆放好

思考练习题

1. 出站准备的工作内容有哪些？
2. 常见的取派设备有哪些？
3. 出站货物检查的主要内容有哪些？
4. 简述装卸搬运的原则。

5. 什么是送货作业？
6. 送货作业中需要注意哪些事项？
7. 取货前要做好哪些准备工作？
8. 货物验收的主要内容有哪些？
9. 简述返品回收的作业流程。
10. 返品回收作业前要注意哪些事项？

项目六　绩效评价与成本分析

任务一　配送中心绩效评价

任务引入

某配送中心为了提高服务水平，在 2018 年第二季度采取了一系列改革措施。为了检验改革成效，配送中心主管需要对第二季度的服务水平进行评价。

1. 假如你是该配送中心主管，你将如何做好这项工作？

2. 假如你已经收集了配送中心上半年的指标数据（见表 6—1），你将如何对配送中心的绩效进行分析和评价？

表 6—1　　某配送中心上半年的指标数据

月份	客户订货次数	缺货次数	客户要求次数	满足客户要求次数	总交货次数	准时交货次数	同期业务收入总额（元）	货损货差赔偿费总额（元）
1	2 112	41	980	914	2 071	2 013	2 369 550	9 867
2	2 231	43	1 011	952	2 147	2 101	2 594 100	10 023
3	2 347	46	986	934	2 201	2 139	2 965 510	11 237
4	2 236	45	1 028	1 009	2 193	2 171	2 895 100	5 930
5	2 451	51	1 132	1 105	2 400	2 375	3 102 250	6 138
6	2 683	57	1 203	1 197	2 626	2 601	3 211 480	5 892

任务分析

要完成上述绩效评价任务，首先需要了解绩效评价的含义和作用，然后明确绩效评价的流程，确定绩效评价指标，掌握绩效评价指标分析方法，完成绩效评价工作。

相关知识

一、配送中心绩效评价的含义

配送中心绩效是指配送中心依据客户订单，在组织配送作业过程中的劳动消耗和劳动占用与所创造的物流价值的对比关系，或者是在配送作业过程中配送中心投入的配送资源与创造的物流价值的对比关系。配送中心绩效评价是通过对配送中心所创造的物流价值的事前计划与控制以及事后分析与评估，衡量配送中心配送系统和配送活动全过程投入与产出状况的分析技术与方法。

二、配送中心绩效评价的作用

配送中心绩效评价在配送中心绩效管理中占有重要地位，它的作用和意义在于：提出和追踪物流运作目标以及完成情况，并进行不同层次和角度的分析和评价，实现对物流活动的控制；判断配送中心目标的可行性和完成程度，进而调整物流目标；提升企业的运营能力和整个供应链的效益，提升物流绩效；有效实施企业内部监控；分析和评估配送中心资源素质与能力，确定发展战略。

三、配送中心绩效评价的流程

配送中心绩效评价的流程如图 6—1 所示。

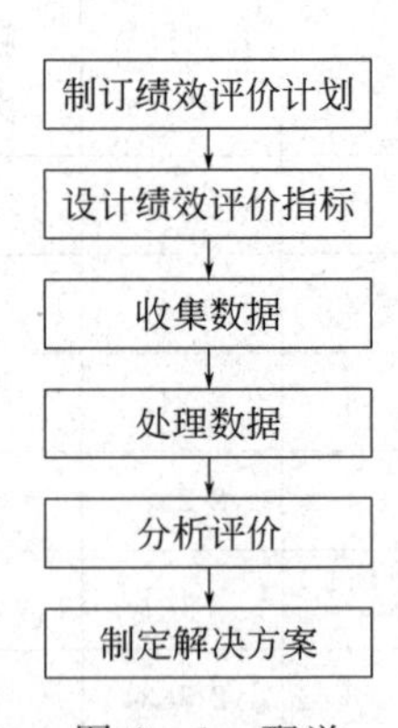

图 6—1　配送中心绩效评价的流程

四、配送中心绩效评价的指标

配送中心绩效评价的指标有很多，常见的有以下几种：

1. 缺货率

缺货率＝(缺货次数/客户订货次数)×100％。它主要反映存货控制决策是否正确，可用于决策是否需要调整订购点和订购量的基准。

2. 客户满意度

客户满意度=(满足客户要求次数/客户要求次数)×100%。它主要反映配送中心的服务水平。

3. 准时交货率

准时交货率=(准时交货次数/总交货次数)×100%。它主要反映发货的及时性。

4. 货损货差赔偿率

货损货差赔偿率=(货损货差赔偿费总额/同期业务收入总额)×100%。它主要反映出货作业的精准度。

五、配送中心绩效评价指标的分析

1. 配送中心绩效评价指标的分析方法

(1) 比较分析法

比较分析法是指对两个或几个有关的可比数据进行对比，揭示其中的差异和矛盾。比较是分析的最基本方法，没有比较，分析就无法开始。

(2) 功效系数法

功效系数法是指根据多目标规则原理，将所要考核的各项指标分别对照不同分类和分档的标准值，通过功效函数转化为可以度量计分的方法，它是配送中心绩效评价的基本方法，主要用于配送中心定量指标的计算分析。

(3) 综合分析判断法

综合分析判断法是指综合考虑影响配送中心绩效的各种潜在的或非计量的因素，参照评议参考标准，凭印象对评议指标进行比较分析判断的方法，主要用于定性分析。

2. 配送中心绩效评价指标的分析步骤

绩效评价指标的分析步骤是：判断数据的好坏，发现问题点，确定问题，查找原因，寻找解决方法。

六、改善绩效的步骤

在对配送中心绩效作出评价后，就要针对存在的问题加以改进，以改善配送中心

绩效，具体的步骤如下：

在所有问题中决定亟待解决的问题；收集有关事实，决定改善目标；分析事实，研究确定改善方法；拟订改善计划；试行改善措施；评价试行措施实施结果，并使之标准化；制定管理标准并加以执行。

任务实施

一、制订配送中心绩效评价计划

分小组展开讨论，根据任务将配送中心绩效评价计划表（见表6—2）填写完整。

表6—2　　配送中心绩效评价计划表

序号	计划项目	具体内容
1	绩效评价目的	检验上一季度改革成效
2	评价对象	（　　　）服务水平
3	评价区间	年　月　日—　年　月　日
4	评价时间	月　日

二、设计配送中心绩效评价指标

分小组展开讨论，根据任务和知识准备，确定本次绩效评价的指标，将图6—2中的四个指标补充完整，并列出各个指标的计算公式

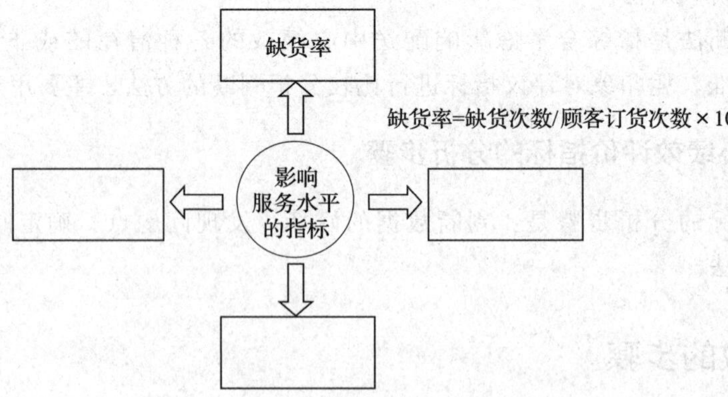

图6—2　绩效评价的指标

三、根据收集数据进行数据分析

根据指标和指标公式采集相应时间段的数据。请各组讨论，利用公式计算指标值（见表 6—3），并用 Office 办公软件中的 Excel 进行处理，以图表的形式展现。图 6—3 所示即为准时交货率的折线图。

表 6—3　　　　配送中心绩效评价指标数据统计和计算　　　　%

月份	缺货率	客户满意度	准时交货率	货损货差赔偿率
1	1.94	93.27	97.20	0.42
2			97.86	
3			97.18	
4			99.00	
5			98.96	
6			99.05	

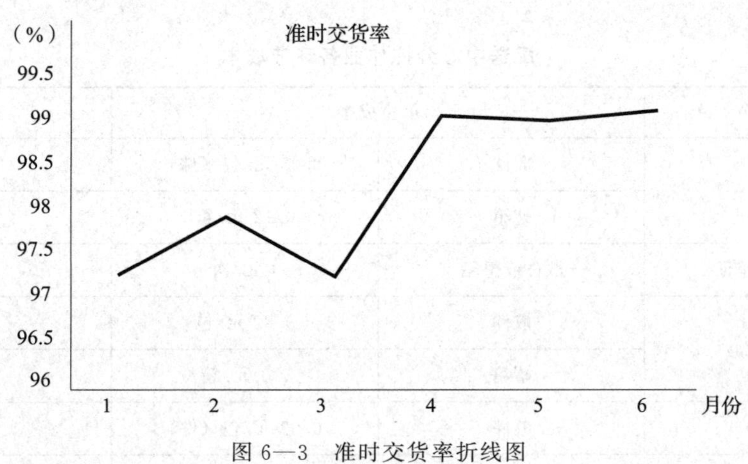

图 6—3　准时交货率折线图

四、分析评价绩效，制定解决方案

通过数据分析，可以发现客户满意度、准时交货率、货损货差赔偿率等指标已得到明显改善，但是缺货率仍居高不下。通过进一步了解，发现造成该情况的原因主要是采购不及时和供应商交货不及时。

针对以上情况，请各组讨论后制定降低缺货率的解决方案。

任务二　配送成本分析

任务引入

某配送中心为甲、乙两家商店进行配送作业，甲、乙商店月进货情况和配送中心分拣作业各环节成本分别见表 6—4 和表 6—5，请采用 ABC 作业成本法计算出两家商店每月的配送成本。

表 6—4　　甲、乙商店月进货情况

项目	甲商店	乙商店	说明
订货数量	2 000 包/月	2 000 包/月	总订货量相同
进货频率	5 次/月	8 次/月	配送服务水平有差距
进货数量/次	400 包/次（10 箱）	250 包/次（6 箱加 10 包）	

表 6—5　　配送中心分拣作业各环节成本

作业环节	单位成本		说明
分拣	散件	0.05 元/包（件）	
	整箱	0.12 元/箱	
制作拣货单证	散件或整箱	1 元/次	
核查与检验	散件	0.02 元/包	
	整箱	0.1 元/箱	
捆包	散件	0.03 元/包（件）	
制作店内码与价签	散件或整箱	0.01 元/包（件）	每包必须制作

任务分析

要完成该任务，需要了解配送成本的构成与分类，理解并熟悉配送成本计算方法，能根据实际需要采用 ABC 作业成本法正确计算出每月配送成本。

相关知识

一、配送成本的概念

配送成本是指在配送活动的备货、储存、分拣、配货、配装、送货等环节所发生的各项费用的总和，它是配送过程中所消耗的各种活劳动和物化劳动的货币表现。

由于配送作业是由多个环节构成，因此配送成本的核算是多环节的核算。在计算配送成本时，应当先计算配送各环节的成本，然后将各个环节的成本加总后即为配送总成本。其计算公式为：

配送成本＝配送运输成本＋分拣成本＋配装成本＋流通加工成本

需要指出的是，在进行配送成本核算时，要避免配送成本核算项目重复交叉、夸大或减小费用支出，从而使配送成本失真，不利于配送成本的管理。

二、配送成本的特点

1. 配送成本具有隐蔽性

很多物流成本包括配送成本是不直观的，按照不同范围和方法计算出的物流成本差异往往很大。日本学者曾提出“物流成本冰山说”，认为物流费用的主体部分就像潜藏在海水里的冰山一样，不为常人所见。就配送成本而言，一般通过“销售费用”“管理费用”科目可以看出部分配送费用的情况，但这些科目反映的费用仅仅是全部配送成本的一部分，即企业对外支付的配送费用，并且这一部分费用往往是混在其他有关费用中而并不是单独设立“配送费用”科目进行独立核算。

2. 配送成本削减具有乘数效应

假定某企业销售额为1 000元，配送成本为100元。如果配送成本降低10%，企业就可以增加10元的利润。假如这家企业的销售利润率为2%，则创造10元利润需要增加500元的销售额，即降低10%的配送成本所起的作用相当于销售额增加50%。这就是配送成本削减的乘数效应。

3. 配送成本具有“效益背反”性

效益背反是指同一资源的两个方面处于互相矛盾的关系之中，要达到一个目的必

然要损害另一方面的利益。例如：尽量减少仓库和库存量必然造成库存补充频繁，从而增加运输次数；同时，仓库的减少会导致配送距离变长，运输费用进一步增大。此时，一方成本降低，另一方成本增大，造成成本效益背反。如果增加的运输费超过降低的保管费，总成本反而会增加，这样减少仓库和库存量变得毫无意义。

企业经营者在核算和管理配送成本时，必须把握配送成本的上述特征。

三、配送成本的类型

1. 按功能不同分类

按功能不同，配送成本可分为以下 4 类：配送运输费用，包括车辆费用和营运间接费用；分拣费用，包括分拣人工费用和分拣设备费用；配装费用，包括配装材料费用、配装辅助费用、配装人工费用；流通加工费用，包括流通加工设备费用、流通加工材料费用、流通加工人工费用。

实际应用中，应根据配送的具体流程归集成本，不同配送模式的成本构成差异较大。相同的配送模式下，由于配送物品性质不同，其成本构成差异也很大。

2. 按支付形态不同分类

按支付形态不同，配送成本可分为以下 8 类：材料费，即因物料消耗而发生的费用；人工费，即因人力的消耗而发生的费用；公用事业费，即向电力、燃气、自来水等公用事业部门支付的费用；维护费，即使用、运转和维修保养固定资产所产生的费用；一般经费，即差旅费、资料费、交通费、通信费和城建税等杂费支出；特别经费，即采用不同于会计核算方法计算出来的费用，如存货占用资金所产生的机会成本等；对外委托费，即企业对外支付的包装费、运费、保管费、出入库装卸费和手续费等；其他企业支付费用，即向其他企业支付的费用。

以支付形态记账的方法比较符合会计核算的一般体系。

3. 按适用对象不同分类

按适用对象不同，配送成本可分为以下 3 类：

一是按营业单位计算的配送成本。可将各营业单位配送成本与销售金额或毛收入进行对比，了解配送中存在的问题，以加强管理。

二是按顾客计算的配送成本。计算结果可作为确定目标顾客和确定服务水平等营销工作的参考。它又分为按标准单价计算和按实际单价计算两种方式。

三是按商品计算的配送成本。它是指把按功能计算出的成本以不同的基准分给各类商品，来分析各类商品的盈亏，为确定商品的生产经营策略提供参考。

四、影响配送成本的因素

影响配送成本的因素主要有与市场相关的因素（如时间、距离等）、与商品相关的因素（如商品的数量、重量、种类和配送作业过程等），以及外部成本（如租赁费、过路过桥费等）。

1. 与市场相关的因素

与市场相关的因素主要是时间和距离。

配送效率低下导致占用更多工作时间，相当于变相占用配送中心。这种成本往往表现为机会成本，即配送中心不能提供其他配送服务而获得收入，或者需要在其他配送服务上增加成本。

距离是影响配送运输成本的主要因素。距离越远，所需要的运输设备越多，配送成本越高。

2. 与产品相关的因素

与产品相关的因素主要是货物的数量、重量、种类以及配送作业方式等。

增加配送货物数量和重量，会使配送作业量增大。但当配送货物数量和重量达到一定批量时，配送效率能够提高。

不同种类的货物对配送作业的要求不同，作业难度也不相同。例如，冷藏类货物需要采用冷藏设备。因此，货物种类对配送成本也会产生影响。需要配装的货物比原包装配送的货物成本要高，因而不同的配送作业方式直接影响到配送成本。

3. 外部成本

外部成本如租赁费和过路过桥费等。企业在配送中必然要使用外部资源并支付相关费用。如果当地市场的土地租赁价格比较高，配送企业就需要支出更多的租赁费用。此外，过路过桥费、保险费用等都会影响配送成本。

分析配送成本的影响因素，可以了解配送成本的构成，便于有针对性地控制配送成本，制定合理、科学的配送服务价格，提高配送中心的市场竞争力。

五、配送成本计算方法

ABC 作业成本法（activity-based costing）是一种重要的成本计算方法，它以作业

为中心，通过对作业及作业成本的确认、计量，最终计算出配送成本。这种方法把企业成本计算深入到作业层次，追踪所有作业活动并做出动态反应，为企业决策提供相对准确的成本信息。它不仅是一种成本计算方法，更是成本计算与成本管理的有机结合。

在配送作业中，利用ABC作业成本法可以按不同服务水平区分配送成本，可以计算出每位客户每一次订货的成本和一定期间内的订货总成本，可以计算出每种商品从工厂仓库到客户手中这段区间的总配送成本，可以直接提供有利于物流配送合理化的数据，可以较好地解决配送成本上升的责任问题。

在配送作业中，运用ABC作业成本法的步骤一般是：明确导入ABC的目的及对象，调查作业流程和配送中心布局，界定作业环节，确定费用分担比例，计算各作业环节的单价，掌握按计算对象类别划分的各个作业环节处理量，用各个作业环节处理量乘以单价得出作业环节类别成本，汇总各个作业环节类别成本得出计算对象类别成本。

六、配送成本的控制

配送成本控制是指在配送经营过程中，按照规定标准调节影响成本的各种因素，使配送各环节生产耗费控制在预定范围内的管理活动。配送成本控制是配送成本管理的重要环节，它贯穿于整个配送过程之中。

影响配送成本的因素是相互制约、相互影响的，控制配送成本不能单纯着眼于其中某种因素，而要对各种因素进行复杂的平衡和协调，才能使总成本最低。

配送成本控制的主要内容包括加强配送的计划性、确定合理的配送路线、进行合理的货物配载以及提高配送自动化程度等。例如，加强配送的计划性，可以避免临时配送、紧急配送或无计划的随时配送，充分考虑各种因素，确定正确的装配方式和恰当的运输路线，从而提高配送效率，节约配送成本。又如，在车辆配载时实行轻重配装，既能使车辆满载，又能充分利用车辆的有效容积，从而降低运输费用。

任务实施

一、计算分拣作业成本

甲商店：按箱统计的成本为10箱/次×5次×0.12元/箱＝6(元)。

乙商店：按散件统计的成本为10包/次×8次×0.05元/包＝4(元)。

按箱统计的成本为6箱/次×8次×0.12元/箱＝5.76(元)。

二、计算制作拣货单证作业成本

甲商店：按次统计的成本为1元/次×5次=5(元)。

乙商店：按次统计的成本为1元/次×8次=8(元)。

三、计算核查与检验作业成本

甲商店：按箱统计的成本为10箱/次×5次×0.1元/箱=5(元)。

乙商店：按散件统计的成本为10包/次×8次×0.02元/包=1.6(元)。

按箱统计的成本为6箱/次×8次×0.1元/箱=4.8(元)。

四、计算捆包作业成本

甲商店：无。

乙商店：按散件统计的成本为10包/次×8次×0.03元/包=2.4(元)。

五、计算制作店内码与价签作业成本

甲商店：按散件统计的成本为2 000包×0.01元/包=20(元)。

乙商店：按散件统计的成本为2 000包×0.01元/包=20(元)。

六、统计每月总配送成本

将上述各项成本汇总，得出甲、乙商店每月总配送成本（见表6—6）。

表6—6　　甲、乙商店每月总配送成本　　元

作业内容	计价类型	甲商店每月配送成本	乙商店每月配送成本
分拣	散件	无	4
	箱	6	5.76
制作拣货单证	次	5	8
核查与检验	散件	无	1.6
	箱	5	4.8

续表

作业内容	计价类型	甲商店每月配送成本	乙商店每月配送成本
捆包	散件	无	2.4
制作店内码与价签	散件	20	20
合计		36	46.56

思考练习题

1. 什么是配送中心绩效评价？
2. 绘制配送中心绩效评价流程图。
3. 配送中心绩效评价指标有哪些？
4. 配送中心绩效评价指标的分析方法有哪些？
5. 配送成本有哪些特点？
6. 配送成本有哪些类型？
7. 简述 ABC 作业成本法的概念。